ハーバード×慶應流

交渉学入門

田村次朗

慶應義塾大学法学部教授

481

中公新書ラクレ

目次

第5章　交渉のマネジメント……137

ハーバード×慶應流　交渉学入門

序　章

「交渉学」との出会い

「交渉学」との出会い

１９８４年秋のこと。

独占禁止法（独禁法）の知識をより深めるためにハーバード大学に留学した私は、思いがけない出会いに恵まれた。

「交渉学」との出会いである。

科目登録のためにロースクールの履修案内をみていた私の目に、ある不思議な授業の名前が飛び込んできた。「Negotiation」という授業で、オフィスの担当者からは、「まあ、やめておいたほうがいい」といわれた。理由を聞くと、履修希望者が多いので抽選になるかもしれない、外国人留学生は基本的には履修しない、そして英語で「交渉」するから大変だ、ということだった。

しかし、好奇心旺盛な私は、そもそも「交渉」なるものが授業として成立するのかという強い興味をもった。そして、失敗してもいい、という気持ちで科目登録に応募し、幸いなことに履修が認められた。

授業に出席した。教壇にはロジャー・フィッシャー教授が立っていた。フィッシャー教授が「交渉学」の授業を本格的にハーバード大学で始めたばかりのことだった。フィッシャー教授の偉大さは当時よくわからなかったが、授業はとても面白かった。基本的に彼は講義をしない。ケース（事例）を提示し、ケースの準備をして、相手と交渉してみなさい、というような感じで授業が行なわれた。

「紛争解決と交渉」委員会

ハーバード大学での「交渉学」の授業については、本書の第1章で紹介するが、フィッシャー教授から「問題解決」というキーワードを刷り込まれた私は、留学している間、交渉学についてできるだけ多くの情報を収集しようとした。しかし、その一方で、私の頭の片隅には、「交渉学」は日本ではまともな学問として認められないのではないかという思いが常にあった。

アメリカから帰国後しばらくの間、私は日本で交渉学を行なうという思いをフィッシャー教授に十分には伝えきれずにいた。数年後、その可能性もみえてきたので、もう一度ハーバード大学で学んで、交渉学を日本で発展させたいと思っていた矢先のこと、意外なチャンスに巡り合った。

当時、私は日本で交渉学の研究教育を行なっていることを、海外にも発信するようにしていた。それが功を奏したといえるような出来事が起きた。世界経済フォーラム（ダボス会議）に参加しているときに、世界経済フォーラムのグローバル・アジェンダ・カウンシル（「世界的な問題に対する委員会」）で、コンフリクト・レゾリューション・アンド・ネゴシエーション（「紛争解決と交渉」）という委員会を立ち上げることになり、アジアからのメンバーとして私に声がかかったのである。

「紛争解決と交渉学」委員会は主に欧米人で構成され、メンバーのほとんどは、アメリカや欧州のテロなどの深刻な紛争に対処するための機関の代表クラスで、委員長はハーバード大学のダニエル・シャピロ先生である。私にとっては、とても光栄な場に加えていただいたが、正直いって多少の戸惑いもあった。アジアからたった1人参加した私だけが、世界的な軍事紛争やテロ対策などとは無縁な人間だった。

「三方よし」の考え方

「紛争解決と交渉」委員会で、日本の良さについて話をさせていただく機会があった。私は概略、次のような話をした。

日本の交渉能力は低いと思われているかもしれない。そして、確かにそれは一般的には事実かもしれない。しかし、長い目でみると日本は世界から信頼を勝ち得ており、多くのビジネスを成功させている。国家間交渉などにおいても、短期的にみると結果は出していないかもしれないが、日本とは同盟国として安心してつきあえる、あるいは日本が宣言したことは有言実行だと思ってもらえるというかたちで、交渉上重要な信頼を得ている。

そこで例に出したのは、いわゆる近江商人の「三方よし」の考え方である。私は、かねてから日本の交渉能力の原点にあるのは近江商人の「三方よし」のロジックではないかと考えていろいろ調べてきた。シャピロ先生が大きな関心を示してくれた。そして、委員会では多くの委員から「それはとてもうらやましいことである」というコメントをいただいた。世界ではお互いを信用していないケースが多いので、どれだけ努力しても、相互の信頼を得るのは容易なことではないようである。ところが、日本においては、日本古来の信頼を重んじる精神がカルチャー（文化）のなかに根づいている、と。

ハーバード交渉学v2・0

シャピロ先生とはその後、個人的に親しくおつきあいをするようになり、時々、一緒に食事をしながら議論をするという貴重な機会を得ている。近江商人の精神について、シャピロ先生は、これはハーバード大学のフィッシャー教授がいう「賢明な合意」(wise agreement)とほぼ同じことではないかといい、私もかねてからそういう思いがあったということを伝えた。

シャピロ先生は現在「近江商人」(Omi shonin)という言葉をそのまま世界で使っている。「日本版交渉学」の基本ロジックが認知されたという思いで、私はおおいに勇気づけられた。日本の交渉も捨てたものではない。日本版交渉学は近江商人の「三方よし」のロジックを軸にして発展させていくことができると確信した。

現在、シャピロ先生を中心として、ハーバード大学と慶應義塾大学との間で交渉学に関する共同研究が進行中である。この共同研究の1つの成果として、2012年、シャピロ先生には日本の聴衆を前に、「感情を活かす交渉学」というテーマで講演していただいた。また私は、ハーバード国際交渉プログラムのインターナショナル・アカデミック・アドバイザーを務めている。

フィッシャー教授によるハーバード交渉学の基本は、いわば「ハーバード交渉学v1・0」といえる。シャピロ先生は、それに心理的側面を加えて、人は感情なしでは生きていけないということをきちっととらえた上での交渉、つまり感情を活かす交渉学を展開している。これを、「ハーバード交渉学ｖ２・０」と呼ぼう。そして、近江商人をベースにした日本版交渉学では、「ハーバード交渉学ｖ１・０」を基礎にしながら、感情を活かす交渉学（「ハーバード交渉学ｖ２・０」）を日本に応用したいと考えている。

「日本版交渉学」と「信頼」

私が考えている「日本版交渉学」の最も重要で基本的なキーワードは「信頼」である。近江商人「三方よし」もフィッシャー教授の「賢明な合意」も、相互の信頼があってはじめて成り立つ。交渉相手との「信頼」を確立することができれば、交渉は「win-win（双方が勝つ）」の成果を上げることができるといっても過言ではない。

逆説的にいえば、交渉でお互いの「信頼」が醸成できれば、「交渉学」は必要ないかもしれない。しかし、現実の交渉の場では、お互いが疑心暗鬼になって、ＡかＢかの選択を迫って二分法の罠に陥れようとしたり、さまざまな交渉のテクニック（交渉戦術）を弄《ろう》して、自分に都合のよい交渉結果を得ようとしたりしていることは事実として認めなければならない。

だからこそ、いま「交渉学」が求められている。

グローバル化が進展し、複雑な問題が錯綜する現代社会において、相手と交渉する能力は、ビジネスや競争社会を生き抜くために必要不可欠である。交渉能力とは、相手を理解し説得する力であり、相手のニーズや目標などを効果的に聞き出す力である。それを論理的に実証し、研究する学問が「交渉学」である。

「交渉学」を学び、「交渉学」という共通の知恵と知識の上に立てば、お互いの「信頼」の醸成も容易になるはずである。

本書の構成

交渉とは、人と人とのコミュニケーションである。コミュニケーションで大切なのは、自らの主張をすることよりも、相手の話を聞くことである。したがって、交渉を成功に導くための秘訣は、駆け引きのうまさや弁舌の鮮やかさではなく、「聞き上手」になることに他ならない。まずは相手の話をよく聞き、その情報をうまく整理しながら自分の主張をし、合意を形成していく。それが交渉の基本である。

しかし一般には、交渉は心理的な「駆け引き」だと思っている人も少なくない。そこで、「第1章　交渉学とは何か」では、「交渉」をめぐる誤解や交渉の基本的な考え方を説明した後、ハーバード大学と慶應義塾における交渉学を紹介する。

続く3つの章では、交渉における三大原則（論理的思考、事前準備、創造的な問題解決）を順に紹介する。「第2章　論理的に交渉する」のポイントは、とかく陥りやすい「二分法の罠」を避けるということである。「第3章　事前準備の5ステップ」では、交渉に臨む前に準備すべき5つの事柄をまとめている。具体的には、状況把握、ミッションを考える、目標の設定、創造的選択肢、BATNAで、これをきちんと行なえば、スムーズな交渉を行なうことができる。

「第4章　交渉の基本戦略」では、①「三方よし」の考え方、②創造的解決法を目指すこと、そして③クールダウンするという、交渉において基本的に重要な3つが必要であることを指摘する。

また、交渉は通常、お互いの会話のやり取りで進むので、一方の当事者が交渉をマネジメントすることはできそうにないと思われがちである。しかし、交渉をマネージすることは可能である。「第5章　交渉のマネジメント」では、交渉相手との関係の明確化や、一段高いところから交渉を眺めることの必要性や、アジェンダのマネジメントの重要性について説明する。

当たり前のことだが、交渉を行なうのは人間であり、人間は感情をもっている。そこで、いわゆる交渉戦術に引っかかってしまうケースも出てくる。「第6章　交渉戦術とヒューリスティクス」では、交渉の心理的側面と交渉戦術について解説する。

さて、第1章から第6章まで、基本的には1人で行なう交渉についてみた。しかし、現実のビジネス交渉などでは組織としての交渉が多い。そこで、「第7章　組織内コミュニケーションと交渉学」では、組織としての交渉（あるいはチーム）について論じている。交渉の前段階である組織内の調整が難しいこと、集団極性化の危険があること、デビルズ・アドボイト（悪魔の代理人）の必要性などについて解説したあと、相手とのチーム交渉についてまとめている。

交渉は本来、「win-win」を目指して行なうべきものである。しかし、現実にはさまざまな紛争が後を絶たない。「第8章　コンフリクト・マネジメント」では、紛争が起きているなかでの交渉について考えている。コンフリクト・マネジメントの基礎理論を紹介した後、1960年代のアメリカのケネディ政権下で起きた2つの事件を参照しながら、グループダイナミクスの重要性を指摘し、コンフリクトの中でも「win-win」を意識した交渉を行なうべきであることを指摘する。

終章では、リーダーにとって交渉する力が不可欠スキルであることを説明する。

第１章

交渉学とは何か

1——「交渉」のイメージ

「交渉」「交渉力」「交渉学」

「交渉」とは何だろうか。

ハーバード大学のロジャー・フィッシャー教授によれば、「交渉」とは「他人への要求をなるべく通そうとするときに用いる基本的手段」であり、「共通する利害と対立する利害があるときに、合意に達するために行なう相互コミュニケーション」である。

ビジネスの世界では、ときにはライバル企業と提携したり、好き嫌いを超えて協力を求めたりするための「交渉」を行なわなくてはならない。国際間でも、例えば、環太平洋地域での自由貿易促進のための「交渉」が、TPP（環太平洋戦略的経済連携協定）参加国間で行なわれている。もっと身近な例でいえば、家庭内では小遣いの額を決めるための親子間の「交渉」が行なわれ、家を購入するときには不動産業者との間で「交渉」が行なわれる。労働組合と経営陣は賃上げ「交渉」を行なっている。

要するに、何らかの利害関係が生じているなかで、その関係者間で行なわれる対話や議論を「交渉」という。

　ところで、「所変われば品変わる」といわれるように、日本人とアメリカ人の「交渉」の仕方は大きく異なっているといわれる。フィッシャー教授は、日米の交渉の仕方の違いについて、「アメリカ人は交渉に臨むときは、まるでカウボーイのように振る舞い、……、日本人の交渉者は洗練された外交官のように振る舞う」と指摘している。そして、交渉の場で、アメリカ人は「絶対だめ」という反応を示すのに対して、日本人は「そうですね」という反応を示すという（『ハーバード流交渉術』ＴＢＳブリタニカ、ｉページ）。

「交渉」の本来的な目的は、相互が受け入れることができる諸条件を導き出し、それに合意することである。つまり、「交渉」の結果として、お互いが利得を得る関係＝「ウィン・ウィン（win-win）の関係」が成立しなければならない。

　そのような「交渉」を行なうためには、それなりの能力（「交渉力」）が必要になる。「交渉力」とは、相手を理解する力であり、相手を説得する力であり、相手のニーズや目標などを効果的に聞き出す力である。そのような「交渉力」を論理的に実証し、研究する学問が「交渉学」である。

「交渉学」は、相手との間に横たわる複雑な利害関係や錯綜する事実関係を整理しながら、相手との「交渉」を通じて最適な問題解決を図るための学問である。したがって、日米で「交渉」の仕方は異なっていても、「交渉学」の論理は日米に共通するものである。

「交渉学」の重要性

いま、好むと好まざるとにかかわらず、グローバル化が急進展している。そして、国家、民族、社会、企業、学校、家族などにおいて、複雑な利害関係が錯綜している。そのような現代社会において、さまざまな利害関係をもつ相手と交渉する力が必要とされている。「交渉力」とは、コミュニケーション・スキルである。相手を理解し説得する力であり、相手のニーズや目標などを効果的に聞き出す力である「交渉力」は、ビジネスや競争社会を生き抜くために必要不可欠な能力である。

ここで特筆すべきは、「交渉力」は、1人の天才にのみ与えられるような天賦の才ではないということである。「交渉力」は論理的に構築することができるのである。ここに「交渉学」の存在理由がある。

「交渉学」を学ぶことによって、交渉における自らのプレゼンテーションや交渉戦略を論理的に構築することができるようになる。その結果、交渉の場において、説得力を高めることができる。また、交渉相手の姿勢や考え方、さらには交渉のプロセスの展開を論理的に推測することによって、交渉の「先」を読むことができる。

例えば、交渉の場における説明が1つの「ストーリー」(物語)として整理されていると、相手(聞き手)は理解しやすい。抽象的に説明するよりも、具体的な事例を取り上げて説明すると、相手の関心度や理解力は格段に高まる。さらに、それを図式にして視覚化すれば、より理解が深まることはいうまでもない。

また、交渉において相手の先を読み、自らの行動を選択し、最終的に目標に達するための手順のことを「交渉戦略」という。交渉の現場では、とかく感情的な焦りや相手に対する不満が高まることも多い。しかし、交渉戦略を学ぶことによって、その場限りの強引な交渉による失敗を避けることができる。また、安易な譲歩をすることなく、中長期的な視野に立脚した問題解決を図ることができるようになる。

交渉のテクニックと交渉学

ところで、交渉の現場では、さまざまなテクニックが弄されることが多い。交渉において使われるテクニックを「交渉戦術」という。

詳しくは第6章（「交渉戦術とヒューリスティクス」）で紹介するが、例えば、意図的に突然怒り出したり、急に交渉打ち切りを示唆して相手を動揺させたりする「不意打ちテクニック」というものがある。真実でないことについて断言したりして相手を騙す「ブラフ・テクニック」や、嘘にならない程度に事実を巧みに表現したり、都合の悪い情報を伏せて都合のよい情報だけを提示したりするようなテクニックもよく使われる。

交渉の場で、相手の次のような発言を耳にすることも少なくないかもしれない。

「私自身はもっと何とかしたいと思っているのですが、これは会社の方針でどうしようもないんです。……」

これは、所属組織の決定を引き合いに出すことによって、「譲歩はできない」という意思を示すためのテクニックである。

不利な情報に直結するような相手からの質問を避けるために、質問を無視して話題を変えたり、質問をはぐらかして答えたり、質問に答えるそぶりをしながら答えなかったりするようなテクニックもよく使われる。また、相手の提案に対して批判的に分析し、多くの問題点を指摘するのに、自らはいっさい提案しないというテクニックもある。

　さらには、希少なものや限りあるものに価値を置くという人間の心理的特性につけ込んで、偶然手に入った貴重なものであるとか、一般には手に入らない限定品であることを誇張して、高い値段で売りつけるというテクニックもよくみられるので騙されないようにしなければいけない。

　交渉対象について相手を圧倒するほどの専門知識や情報を提示すれば、相手は劣等感をもってしまい、その結果として、自らの提案の正当性が高められ、交渉を有利に進めることができることになる。これも、交渉戦術の一種だといえるが、それ自体は必ずしも悪いテクニックだとはいえない。

　交渉戦術は、いずれも相手よりも有利に交渉を進めるためのテクニックであり、ある状況下では有効かもしれないが、倫理的衝突を引き起こしたり、信頼を失ったりする場合も少なくないので注意が必要である。

　交渉学においては、当然のことながら「交渉戦術」についても学ぶ。交渉学の素養があれば、相手の交渉戦術やテクニックをあらかじめ知ることができるので、交渉の場で適切に対処することができるようになる。

2――「交渉」をめぐる誤解

3つの誤解

さて、これまで、「交渉」「交渉力」「交渉学」について説明してきたが、世上では「交渉」についての誤解があることも認めなければならない。

第一は、交渉においてはロジック（論理）よりも経験が大事であり、交渉は経験を積むことでしか上達しないと思われていることである。確かに、交渉において経験は重要な要素である。しかし、経験だけでは上手な交渉はできない。交渉にとって重要なのは、経験よりもロジックである。

第二の誤解は、交渉は「出たとこ勝負」であり、準備は無駄だと考えられていることである。交渉相手の出方がわからないし、準備通りに交渉が進むはずもないというのが、その論拠になっている。だから、臨機応変で才能がある人が交渉上手だということになる。しかし、実は、本番に役立たないような事前準備は、準備の仕方が間違っている。正しい事前準備を行なえば、「出たとこ勝負」ではない、強い交渉ができるはずである。

第三の誤解は、交渉は「勝ち負け」がはっきり決まるものだと考えられていることである。交渉は「win-lose」であり、交渉ではいかに「勝つか」が大切だということになる。しかし、私たちが日常的に行なう交渉は、野球、サッカーや相撲のような勝ち負けを競うスポーツではない。win-loseではなく、双方が勝ったと思えるwin-winの交渉をしなくてはいけない。「win-winの交渉」などというと、「世の中そんなに甘くはない」という声が聞こえてきそうだが、ロジックをきちんと立てることによってwin-winの交渉は可能になる。

以上の3つの誤解について、もう少し詳しくみていくことにしよう。

「交渉は経験を積むことでしか上達しない」という誤解

交渉は経験を積むことでしか上達しないと考えている人は、次のような2つの落とし穴にはまってしまうことになる。

第一は、交渉スタイルがワンパターンになることである。経験を積めばそれなりに自分のスタイルができる。が、そのスタイルはワンパターンになる危険性がある。つまり、自分の「成功体験」に固執する結果として、どんな交渉にも「同じスタイル」で臨んでしまう。

交渉のロジックを勉強すればもっと上手な交渉ができるようになるはずである。過去の

「成功体験」はたまたま成功しただけだったのかもしれない。そんな「経験」だけで交渉の場に臨み続ければ、いつか必ず失敗することは目にみえている。部下に対しても自らの交渉スタイルを強要するような上司は、「最悪の上司」といわざるを得ない。

世の中では日常的に交渉が行なわれている。さまざまな交渉の体験を体系化・類型化している「交渉学」を学ぶことによって、自らの交渉スタイルの幅を大きく広げることができるはずである。

第二の落とし穴は、心理的な要素として不意打ちに弱いことである。いままで経験したことのないような相手と交渉したり、突然、巧妙な交渉テクニックを使われたりすると、瞬時に対応できなくなる。しかし、「交渉学」を学ぶことによって、不意打ちにあうような場面でも、強い気持ちで交渉の場に臨むことができる。

交渉学を「交渉術」だと思っている人も少なくない。交渉術だとすればテクニック重視になり、相手を引っかけるようなテクニックを使うことになる。が、相手がそのテクニックに引っかからなければ、それは無意味なものになる。「交渉学」を学んで、理にかなった方法論を身につけ、交渉スタイルの幅を広げることができれば、交渉相手に惑わされることはない。

一昔前は、大学のビジネススクールに行くよりも現場で働いていたほうがよほど勉強になると思われていた。しかし、ビジネススクールには、ていねいに研究しつくされたさまざまな会社の多様なケースが蓄積されていて、それらを勉強することによって、自分の会社では体験できないケースを疑似体験できる。「交渉学」についても同様のことがいえる。

「その場での臨機応変な対応力がすべて」という誤解

確かに、現場での臨機応変な対応力は大切である。交渉が単純なケースでは、出たとこ勝負でも何とか対応できるだろう。しかし、ビジネスの場では、ほとんどすべての交渉は複雑なものであり、いくらセンスが良くても、それだけで乗り切れるものではない。

臨機応変な対応力だけでは、複雑な交渉でのリスクが高まる。それは、合意内容の帰結を、論理的に整理していないからである。また、準備不足で選択肢が少ないために、複雑な交渉場面で有効な合意案がみつからないからである。

そこで「交渉学」では、「事前準備の５ステップ」で解決する。詳細は第３章「事前準備の５ステップ」で説明するが、①状況を的確に把握して、②何を実現したいのかを考え、③目標を設定し、④クリエイティブ・オプション（柔軟な発想による選択肢）を頭に入れ、⑤

合意できないときの対応策を考えるという順序で行なえば、効率的で効果的な準備ができる。交渉に臨むに際しては、とかく準備しても無駄だと思いがちだが、それは準備に時間がかかるからで、短時間でそれなりの効果をもたらす準備ができれば、事前準備も苦にならなくなる。「事前準備の5ステップ」によって、交渉の全体像を想定の範囲内にもってくる準備が可能になる。

なお、出たとこ勝負の交渉のもう1つのリスクは、感情に左右されやすいことである。その場の雰囲気に左右され、感情的になってしまったり、その場での対立を避けるため安易に譲歩してしまったりということを誰しも経験している。しかし、事前準備を行なうことによって、余裕をもって交渉に臨むことができ、冷静な対応ができるようになる。

はじめて聞く話が出てくるとあわててしまう。まったく何の準備もせずに交渉の場に臨むと、不用意に動揺してしまったり、場合によっては「そんな話は聞いていない！」と怒って交渉を台無しにしてしまったりする。しかし、効率的で効果的な準備ができれば、「はじめて聞く話」ではなく、すべてが想定の範囲内の話になる。準備をすれば冷静な対応ができて、余裕をもって現場であわてることなく対応できる。

「交渉では勝ち負けが、はっきり決まる」という誤解

３つめの誤解は、交渉の根幹に流れる思想に関する部分である。交渉は「win-lose」であるから、いかに「勝つか」が大切だと考えてしまうと、駆け引きにこだわるという落とし穴にはまる。そして、自分あるいは自社の利益の最大化だけに着目すれば強気の交渉に固執することになり、逆に自らの立場が弱ければ、ひたすら譲歩して解決する弱気の交渉に終始してしまうことになる。

仮にそれが「交渉」だとすれば、自分の立場が強ければ、がんがん押し通せばいいし、自分の立場が弱ければ相手が「yes」といってくれるまで頭を下げればいい。しかし、それは「交渉」ではない。そんな状況から脱却するために、信頼関係を醸成するプロセスを「交渉学」で学ぶのである。

自分の利益ばかりを考えるのではなく、交渉相手の利益も最大化したいという交渉をもちかけることによって信頼関係を醸成する。つまり、双方の利益の最大化を生み出す方法論を習得して、交渉相手との信頼関係を醸成することである。それが「交渉学」の基本であり、双方の利益を最大化するので、結果として「win-win」になる。

交渉は駆け引きだと思ってしまうのは、ゼロ・サム的な合意のイメージしかないからであ

る。「ゼロ・サム」とは、パイの大きさが決まっていて、一方がたくさん取れば他方の取り分が少なくなるということである。「ゼロ・サム」の世界では、少しでも多くの持ち分を得ようと思うと、相手を騙してでもそれを実行しようとする。柔軟な選択肢を最初から考慮しないので、個別の条件でいかに「勝つか」に固執する。いわば「木をみて森をみず」ということになる。

しかし、「交渉学」では、創造的な選択肢によって合意のバリエーションを広げることを学ぶ。新しい価値を生み出す合意を形成できるのである。そもそも相手はパイの大きさを変えることができると考えていないと決めつけてしまうと、ゼロ・サムの世界に陥ってしまう。パイの大きさを変えたり、パイを膨らませたりできるということを相手に知らせることが大切である。相手をその気にさせれば、新たな付加価値や創造的な選択肢が生まれる可能性を見出すことができる。

3——「交渉」の基本原則と「交渉学」

価値を創造する交渉の基本原則

ハーバード大学では、交渉の成功確率を向上させるための交渉の方法論を「クリエイティブ・ネゴシエーション」（価値を創造する交渉）と呼び、2つの基本原則を提案している。

■「人」と「問題」の分離

第一の基本原則は、「『人』と『問題』の分離」である。これは、「言うは易し、行なうは難し」で、多くの人が経験しているように、とかく相手との交渉がうまく進まなくなると、相手（＝人）に対して腹が立ってくる。

事例1　「人」と「問題」の分離

ビジネスの交渉が大詰めにさしかかったときに、a社の担当者A氏が具体的な提案をしたが、必ずしもそれまでの交渉の延長線上にある「提案」ではなかったので、b社の担当者B氏の態度は急変した。

A氏　このような提案はいかがでしょうか？

B氏　その提案には反対ですね。

交渉は一気に暗礁に乗り上げてしまい、会話が途切れてしまった。A・B双方の心のなかでは、次のような思いが渦巻いている。
A氏　困ったな。B氏が頭から反対するから、問題がこじれてしまった。
B氏　こちらの意見が反映されない「提案」をするA氏が間違っている。

〔事例1〕では、ある「問題」について相手と交渉していて、その交渉が暗礁に乗り上げてしまった。しかし、それぞれの心のなかでは「問題」を「相手」（＝人）にすり替えて考えてしまっている。

このような交渉がエスカレートしていくと、その先に起こることがある程度予測できる。「あなたの言った『こと』には反対だ」という言葉が、「あなたには反対だ」という考えに置き換わり、お互いの感情がむき出しになって、「あんな奴には絶対にいい思いをさせたくない」と考えるようになる。交渉決裂である。

このような交渉は決して珍しいものではない。学者同士の学問上の議論にしても、内容についての論争が、いつの間にか個人攻撃になってしまうことが往々にしてあることはよく知られている。

しかし、自らの考え方を、「『人』と交渉しているのではなく『問題』と交渉している」というモードに変えることができれば、状況を劇的に変えることができる。お互いが相手に対して敵対心をもっているわけではないと考えて、「人」と「問題」を分離できれば良い交渉ができるのである。

では、実際の場面で、どのようにして「『人』と『問題』の分離」を行なえばいいのだろうか。

例えば、ホワイトボードや紙を使う方法がある。交渉をするときに、相手の目をみて語りかけるのは、一見、良いことのように思われるが、実は危険きわまりない。相手の目をみながら「私は納得がいかない」などといえば、相手は攻撃されていると感じるからである。ベクトルの方向を「人」ではなく「問題」に向けるために紙やホワイトボードを使って交渉すると、問題を共有しながら解決するための絵を描き始めることができるようになり、交渉としては理想的な展開になる。

■「立場」から「利害」へ

第二の基本原則は、「『立場』から『利害』へ」である。フィッシャー教授とウィリアム・L・ユーリー教授は、「相手側の立場が自分の立場と対立していると、それぞれの利害も対立していると思いがちになる」（ロジャー・フィッシャー他『ハーバード流交渉術』三笠書房、80ページ）と指摘して、次のように解説している。

例えば、借家人という「立場」での関心事ができるだけ安い家賃で借りることだとすれば、家主という「立場」での関心事はできるだけ高い家賃で貸すことであるはずだと思ってしまう。しかし、それぞれの「立場」を離れて、家主のYさんと借家人のSさんの背後にある利害を綿密に検討してみると、対立よりもより多くの利益を見出せるものである。

1つには、両者とも安定を望んでいる。Yさんは安定した家賃収入を望み、Sさんは安心して長く住める住居を求めているからである。また、両者とも良い住環境を求めている。Sさんはそこに住むからであり、Yさんは所有する物件の価値と評判が高まることを望んでいるからである。さらに、両者とも良い人間関係を望んでいる。Yさんは、安定的に家賃を支払ってくれることを望み、Sさんは必要に応じて修繕してくれる家主を望んでいるからである。

要するに、それぞれの「立場」を主張する場として「交渉」をとらえると、一見すると物事が明確になるようにみえるが、その結果として、他の人間、他の立場、他の影響の存在を無視してしまうことになって、良い交渉ができなくなるということである（同書88ページ）。

交渉学が推奨する交渉のスタイル

そこで「交渉学」が推奨する交渉スタイルをまとめると以下のようになる。

第一に、論理的に交渉することである。たとえ経験不足であっても、論理的に思考することで、交渉を有利に展開できるようになる。「論理的」などと書くと、難解な本に書いてあることだとか、アカデミックなことだと杓子定規に決めつけてしまいがちになる。しかし、「論理的」というのは、決してむずかしい話ではない。大事なことは、その場の「論理」や相手の「論理」を考えるということである。うまく双方が納得できるような「論理」にどのようにしてもっていくか、相手の「論理」を読み取り、それを自分の「論理」と重ね合わせることである。

第二は、効果的で効率的な事前準備を行なうことである。交渉前に事前準備に取り組むかどうかで、交渉の成功と失敗は決まる。すでに簡単に説明した「事前準備の5ステップ」を踏めば、交渉が想定の範囲内で進むようになる。何の準備もせずに交渉の場に臨むのは、練習もせずにスポーツの試合に臨んだり、武器の使い方をマスターせずに戦場に赴いたりするのと同じくらい愚かなことである。

第三は、問題の創造的解決（「win-win」交渉）を目指すことである。交渉を「ゼロ・サム」あるいは「win-lose」と考えるのではなく、交渉の場で相手と問題を共有するように努める。それができれば、一緒に問題を解決しようという気運が生まれる。交渉相手と一緒になってチームプレイで解決しようという姿勢で、相手にとっても自分にとってもハッピーな解決方法を模索する。そうすれば、ゼロ・サム的発想から脱却して、交渉から新しい価値を生み出すことができるようになる。

結論的にいえば、「論理的に交渉する」「効果的で効率的な事前準備を行なう」「問題の創造的解決を目指す」という3つのスタイルをもって交渉できるようになれば、「交渉力」は一段アップするはずである。

4――ハーバード大学と慶應義塾での「交渉学」の授業

「交渉学」の授業

ところで、序章に書いたように、私が「交渉学」にはじめて出会ったのは、ハーバード大学に留学した1984年のことだった。フィッシャー教授がハーバード大学で「交渉学」の授業を本格的に始めてから間もないことで、彼の授業はとても興味深いものだった。

私は、他の優秀な学生に負けてはいけないという強い対抗心もあって、割り当てられたケース（事例）について、どのようにしたら勝てるかを考えて準備して、相手との交渉に臨んだ。相手も同じような考えで臨んでいるので、実際に交渉をしてみると、お互いに譲らないという状況に陥った。頭の片隅ではロールプレイとわかっていても、相手に譲ったら負けで、しかも成績も悪くなるのではないかと思った。結果的に、お互いに譲らないまま交渉は終わり、双方にとって望ましい交渉結果にはならなかった。

「交渉」終了後にフィッシャー教授からフィードバックを受けた。それは衝撃的な一言だった。それぞれの交渉結果を聞いて、フィッシャー教授は「君たち全員、交渉能力はないね」といったのである。みんな驚いた顔をして教授をみていた。

そもそも相手に勝とうと思って交渉すれば、お互いに譲らず、本来であれば生まれたかもしれない良い結果も生まれない。つまり、お互い譲らず、あるいは力の強いほうが押し切るというような交渉になって、最終的には「win-lose」の交渉になってしまう。考えるべきは、双方の利益を最大化して、「win-win（双方が勝つ）」の交渉をすべきだ、というのがフィッシャー教授のフィードバックの概略だった。

フィッシャー教授の講義

フィッシャー教授の授業では、2つの重要な経験をすることができた。

1つは、「交渉学」と「交渉術」との違いがわかったこと。フィッシャー教授の授業を受ける前は、「交渉」とは交渉術であり、より駆け引きがうまければ交渉に勝つと信じていた。つまり、交渉とは巧妙さやずる賢さで勝負するものだと思っていた。しかし、「交渉」とはテクニックではなく、より大きな価値を見出すことができるものだという、それまで思いつかなかった考え方をフィッシャー教授の授業で学んだ。

もう1つは、「交渉学」とは直接関係はないが、授業に関することである。フィッシャー教授の授業を受けるまでは、多くの日本の大学でそうであるように、大学（あるいは大学院）の授業は単に知識を得る場であり、講義を聞いてその価値を感じるものだと思い込んでいた。しかし、ロールプレイを行ない、自ら体験することによって「学び」が得られるということは、私にとってははじめての経験だった。フィッシャー教授の授業の回数は決して多くはなかったが、いま振り返ってみると、私のなかで一番心に残る授業になった。先生が教壇に立って一方的に行なう授業ではなく、学生がロールプレイをしてフィードバックするという教授手法は、いわば失敗から学ぶ、あるいは擬似体験から学ぶという教育である。

「創造的問題解決」のための交渉学

ある日の授業で、フィッシャー教授は学生に向かって、「みなさんは何のためにロースクールに来ているのか」と問いかけた。１人の学生が、「ロースクールで最高の知識を得て、法律家として一段上のレベルに到達するためだ」と答えたが、私の心のなかの思いもそれとほぼ同じだった。

しかし、フィッシャー教授の口から出た言葉は、それとはまったく異なるものだった。法律を学ぶ人間の存在価値は最終的には問題解決をすることにあり、そのためにロースクールでは知識偏重になるのではなく、「交渉学」の模擬交渉などで問題解決の手法を学ばなければならない、というものだった。

ある意味では、当たり前のことだが、私にとってはとても新鮮なメッセージで、まさに「目から鱗」だった。法律をたくさん知っているからといって問題を解決できるものではない。法律をある程度知っている人間が、どのような手法で、当事者にとって最も価値創造的な解決をするか、それが重要なのである。

続けてフィッシャー教授は、次のようにいった。

「ここにいる君たちは、知識を深めるための勉強はしている。しかし、当事者にとって最も価値創造的な問題解決をするための勉強はしていますか?」

アメリカ人の学生は、ディベートを行なうなどさまざまな議論をしてきているので、価値創造的な問題解決のための議論のような経験があったかもしれない。しかし、日本で主に教育を受けてきた私は、法律とは知識以外の何物でもないと思っていたので、後者の部分は抜け落ちていた。

法律家は六法をよく知っていて、その蘊蓄《うんちく》を語っていればいい。一般の人よりも法律をよく知っている弁護士は、それでサービスを提供したことになる——そういう考え方が完全に打ち砕かれた。専門的な職業とはサービスを提供する仕事である。弁護士や法律家の役割は問題解決をしてあげることであり、それによって存在価値も高まる。それがフィッシャー教授から学んだことだった。

日本における「交渉学」

それ以降、私の頭のなかから「問題解決」というキーワードが離れることはなかった。そして、交渉学についてたくさんの情報を収集して帰国しようと思ったが、私の頭の片隅には、日本では「交渉学」は相手にされないのではないかという思いが常にあった。

ハーバード大学は、世界でも超一流の大学として不動の地位を占めている。しかし、そこで行なわれている授業は、固定化して保守化するどころか、常に新しい試みが行なわれている。もちろん、良い授業もあれば悪い授業もあるが、スクラップ・アンド・ビルドで良い授業が生まれていくことに賭けている。大学教育でも、新しい試みにチャレンジしていくことが重要なのである。

当時、日本では、「交渉」とは「交渉術」であり駆け引きだと考えられていた。例えば、欧米の交渉（あるいはユダヤの交渉）に負けるなということで、徹底した駆け引きを挑まれた場合にどのように対応するのかということが、交渉の基本的なテーマになっていた。そういう固定観念が強くあった時代だった。

さらに、大学教育では学術的な（アカデミックな）研究が重視され、教育の場で「問題解決」手法のようなスキルを取り入れるという発想が受け入れられるような雰囲気はほとんどなかった。しかし、私のなかでは、創造的な問題解決の手法としての「交渉学」（交渉術ではない）を確立できないかという強い思いがあった。また、慶應義塾の主にビジネスに近い分野の研究者たちと雑談をしているときなどに、創造的な問題解決の手法としての「交渉学」について話をすると、「それは重要だ」というような感触を得るようになった。

慶應丸の内シティキャンパスでの「交渉学」授業

2001年に絶好の機会が訪れた。慶應義塾が丸の内に社会人向けのキャンパス（慶應丸の内シティキャンパス：MCC）を立ち上げることになり、「交渉学」の授業をやってみないかという声がかかったのである。

私にとっては大きなチャンスであり、二つ返事で引き受けた。当時、必ずしも十分な準備ができていたわけではなかったが、ある程度の数の「事例」は集まっていた。「事例」とは、ロールプレイのケースである。実は、ハーバード大学留学から帰ってから、私はサブゼミとして、交渉学の勉強をゼミ生と一緒に行なっていた。約30人のゼミ生が2人1組でロールプレイの「交渉」を行なうと、いくつかの事例のサンプルが出来上がる。それを改良した「事例」の蓄積があったのである。「事例」は慶應MCCの「交渉学」の授業でおおいに役立ったことはいうまでもない。

ところで、当初、私は「交渉学」を教えることに多少の不安を感じていた。講義中心の授業を期待している聴講生に、ロールプレイ主体の研修がどこまで受け入れられるかという、私がハーバード大学に留学したときに感じたのと同じ不安だった。それは、ある意味では当然の不安だった。

日本人の場合は、講義を受け身で聞き、知識を得られれば喜ぶ。そういう人たちが、参加型の授業で、主に自分で学び取るということにどれだけの理解を示してくれるのか、そして価値を感じてくれるのか。私が企業の講演会や研修会などで主に独禁法関係の講義をすると、90分〜120分間、聞き手はだまって講義を聞き、質問はわずかというのが大半だった。そういうとき、私は、本当に内容が伝わっているのだろうかと、不安を感じていた。

しかし、それは杞憂だった。ふたを開けてみると、質問も数多く出て、「交渉学」の授業は大好評だった。

慶應義塾大学での「交渉学」の授業

丸の内キャンパスでの講義では、それまで何回も行なってきた研修では経験したことのないような授業になった。「交渉学」の授業では、参加者の横のコミュニケーションがうまくいき、受講者たち同士が仲良くなった。今年（2013年）で13年めに入るが、交渉学の授業は、毎年、3クール1回も中断することなく続いている。

慶應MCCでの成功が、大学での「交渉学」の授業の実現に役立った。当初、慶應MCCで10年程度の実績を示すことができれば、大学での授業としても認められるのではないかと考えた。そして、折に触れて関係者の理解を求めてきた結果、2年前からようやく学部生向けの「交渉学」の授業を始めることになった。

社会人向けは、20～30人のクラスであり、大学でもゼミ形式の演習科目で数十人というかたちでスタートを切るつもりだった。ところが、初年度の受講生は380名で、大教室を2つ借りて、190組が交渉するという圧巻の授業になった。学生による授業評価の結果も良好だった。そして、今年度(2013年度)は登録学生がさらに増えて490名(うち460名が参加)となり、大ホールを使って2人1組で230組が模擬交渉する授業になっている。

第2章

論理的に交渉する

Critical Thinkingの実践

1――論理的な思考法とは

論理的思考の必要性

経済のグローバル化に伴って、国際交渉や国際的な取引・契約の場で、欧米型の意思決定の方法とともに論理的な思考が重要視されるようになっている。最近では、企業でも、人材がもつべきスキルの1つとして論理的思考力を要求するようになっている。それを習得した人とそうでない人では、ビジネスパーソンとしての価値に大きな差が生じ始めている現状がある。

もちろん、論理的思考ができるからといって、それだけでビジネスに直接的な影響を与えるものではない。しかし、例えば意思決定の過程において論理的に結論を導き出すというように、論理的思考力は、ビジネスの場でのいわば基礎力として機能する。そして、とりわけ「交渉」においては、重要な働きをする。

論理的思考は、交渉を戦略的に行なうために不可欠な前提であり、基本的能力である。その力のある人は、相手を説得する能力をもっている。交渉にあたって何が目的とされているか、問題点はどこにあるのか、そしてどのように解決すべきなのかを明確に認識するためには、論理的思考が重要である。論理的思考を習得することは、交渉を戦略的に行なうための「一丁目一番地」である。

まず、交渉の事前準備の段階では、自分の立場と相手の立場を客観的に整理・検討し、自らの交渉戦略を構築するために論理的思考は欠かせない。

また、交渉で相手を納得させ、積極的に合意を求めるためには、論理的思考が不可欠である。合意のメリットを相手にわかりやすく説明し、論理的に相手を説得していくこと、すなわち論理的主張が必要になる。

さらに、交渉相手の隠された意図を見抜き、相手に騙されるリスクを回避しなくてはならない。そのために、徹底的に相手の論理の矛盾を突いていくという批判的な論理的思考が重要になる。相手の論理を素早く把握し、自らの交渉戦略に適宜修正を加えていくことができなければ、交渉を成功に導くことはむずかしい。

論理の展開方法

論理的な思考を習得するためには、論理の展開方法を学ぶ必要がある。以下で紹介する二分法、演繹法、帰納法という3つの論理の展開方法を理解することによって、自己の主張の論理展開を客観的に検証し、相手の論理の展開を冷静に分析することができるようになる。

「二分法」とは、物事を二分割のカテゴリーに分類することによって結論を導き出す論理展開方法である。二分法は、物事をシンプルにとらえ、迅速に明快な判断を行なうことができるというメリットがあり、交渉においては、「AかBか」という具合に要求をつきつけることによって相手の選択肢を狭め、自分に有利な結果を得るために使われる。

「演繹法」とは、2つの情報を関連づけて、ルール（大前提）に当てはめていくことで結論を導き出す論理展開方法である。因果関係に重点を置くことが特徴で、「三段論法」も演繹法に含まれる。交渉において演繹法は、相手に自己の主張（結論）の導き出される過程を明快に示すことができるという利点があるが、理論が冗長になりがちであり、権威主義的な発言につながりやすいという弱点がある。

「帰納法」とは、複数の事実（データ）を関連づけて共通項を導き、これを抽象化してルール（一般論）を導き出す論理展開方法である。複数の事実から結論を導くため、交渉の場では聞き手にとって説得力のある主張をすることができるというメリットがあるが、因果関係が曖昧な論理展開をするという欠点（因果関係のブラックボックス化）もある。また、人によって結論が異なってしまうことや、データの量に重点が置かれてデータの質の検証に目が向かなくなってしまうという欠点もある。

2——二分法の罠にはまらないために

二分法の罠とは

交渉では、相手からの提案や相手の反応、疑問や不安などさまざまな要素が絡み合っているため、議論が複雑化している場合が多い。そのため、物事を単純化して二分割のカテゴリーに分類することによって結論を導き出す「二分法」がよく使われる。

二分法とは、すべての物事を「白か、黒か」「善か、悪か」「真か、偽か」「正解か、不正解か」というような二者択一で割り切ろうとする論理の展開方法である。単純化していえば、「2つに1つ」という論理展開法であり、これを使って相手の選択肢の幅を狭めてしまうことを「二分法の罠にかける」という。

事例2　二分法の罠

建設資材会社a社のA氏は、プラント会社b社の担当者B氏との交渉の場に臨んだが、冒頭でB氏がこう切り出した。

B氏　15％ディスカウントをお願いできれば、契約締結に向けて一気に話が進むんですがね？

いきなりディスカウントの話が出て不意を突かれたA氏は、心のなかでこう考えた。

A氏　えっ、なぜ、いきなりディスカウントの話なんだろう？　断るわけにもいかないし、困ったな。本当はディスカウントできないんだけど、とにかく合意しないとまずいから、ディスカウントに応じるしかないか。それに、b社は他の部署でもプラント建設を予定しているらしい。ここまで譲歩して契約すれば、この契約実績が他の部署の契約につながるかもしれない。

そして、次のような会話が続いた。

A氏　では、思い切って10％ディスカウントではいかがですか？

B氏　できるだけ15％に近い数字のほうが御社との今後の関係も良好になると思いますよ。

「ディスカウントを受け入れるか否か」という2つの選択肢だけしか考えなかったA氏は、まさに「二分法の罠」にはまってしまった。こうして、いわば思考停止の状態になったA氏に対して、B氏はさらなる攻撃を畳みかけてきたのである。

洋の東西を問わず、「敵か、味方か」という二分法で議論を設定して大衆を扇動し、「敵」とみなした人にあらゆる問題の責任を負わせてきたことを、私たちは歴史の教訓として学ばなければならない。交渉の場においても、交渉相手が提示した「二分法の罠」にはまってしまえば、交渉相手の思惑通りに事が運んでしまう危険性はきわめて高い。

「二分法の罠」にはまらないための対策

二分法は強力である。いまの世の中はほとんど二分法の論理展開で回っていると考えてもあながち間違いではない。私たちは、無意識のうちに駆け引きで交渉し、「二分法の罠」にはまっている。とりわけ交渉の場では、相手からの問いかけに対して、迅速かつストレートに答えなければ失礼にあたるのではないかと考えて、交渉相手から「イエスか、ノーか」と迫られると、2つの選択肢のうちから答えを選択しなければならないと考えてしまう。

では、「二分法の罠」から脱却するためにはどうすればいいのか。

表1——合意バイアスの背景にある合意・不合意のイメージ

	合意のイメージ	不合意のイメージ
その後の人間関係	友好的	敵対的
交渉の評価	成　功	失　敗
交渉担当者に対するイメージ	優　秀	交渉能力なし

第一に、相手の提示に対して、「イエス」「ノー」以外にも答えはあると考えること。「イエス」「ノー」だけでは、納得できる合意は形成できない。「イエスか、ノーか」と思った時点で、「二分法」になっていると判断すべきである。

第二に、「イエス」といったらどうなるのか、「ノー」といったらどうなるのか考えること。すでに指摘したように、「イエスか、ノーか」という発想は一種の思考停止を招くものである。「イエス」といった場合と「ノー」といった場合の、それぞれのメリットとデメリットを考えてみれば、二分法の危険性がわかってくる。

合意バイアス

では、なぜ人は二分法の罠にはまりやすいのだろうか。それは、人間には潜在的に相手の提案を断りにくいという心理傾向があるからである。[事例2]で、A氏が「とにかく合意しないとまずい」と考えたように、継続的取引を視野に入れた交渉の場合には、「合意」への誘惑を断ち切れない。

このように、合意することだけに着目してしまうことを「合意バイアス」という。表１は、合意バイアスの背景にある合意・不合意のイメージを示したものだが、その後の人間関係、交渉の評価、交渉担当者に対するイメージのいずれも、「合意」のイメージは良いのに対して、「不合意」のイメージが悪いことがわかる。

このように不合意のイメージを悪くとらえすぎると、合意バイアスに陥りやすい。会社で上司から交渉を命じられたら、「交渉能力なし」と思われたくないので、「合意」を前提に交渉に臨んでしまう人は少なくない。しかし、交渉を命じた上司に対して「ここのラインでイエスかノーかを決めるので、ノーもありえますよ！」といえることが大事で、要は、合意バイアスにもっていかれることのないような交渉をすることである。

3——適切な推論を行なうために

演繹法で検証する

［事例２］で、Ａ氏が二分法の罠にはまってしまったのには、もう１つの理由がある。それ

は、B氏のディスカウント提案に対して、「b社は他の部署でもプラント建設を予定しているらしい。ここまで譲歩して契約すれば、この契約実績が他の部署の契約につながるかもしれない」と考えていたことである。

しかし、本当にA氏の思惑通りに進むだろうか。果たして、「譲歩して契約」→「他の部署の契約」という推論が成り立つだろうか。

ここでは演繹法という論理展開方法を使って、A氏の推論を検証してみることにしたい。すでに説明したように、「演繹法」とは、一般的・普遍的な前提から、より個別的・特殊的な結論を得る論理展開方法である。簡単にいえば、「演繹法」とは、あるルール（一般的・普遍的な前提）を事実に当てはめて結論を得る方法である。

例えば、民法731条には、「男は、十八歳に、女は、十六歳にならなければ、婚姻をすることができない」と書かれている。これが、「ルール」（大前提）である。そして、24歳の男性と22歳の女性が結婚しようとしているという「事実」があるとすれば、この「ルール」を「事実」に当てはめて推論すると、二人は結婚することができるという「結論」が導き出される。

A氏の推論における「ルール」（大前提）は、「担当者の顔を立てて譲歩して契約すれば、他の部署の契約につながる」というものであり、「担当者の顔を立てて譲歩して契約する」という「事実」があり、「他の部署の契約獲得」という結論が導かれるはずだった。

しかし、その「ルール」（大前提）は本当だろうか。「担当者の顔を立てて譲歩して契約すれば、他の部署の契約につながる」というのは、いかにも根拠が曖昧である。演繹法による推論では、「ルール」に着目することが重要である。A氏の推論のようにルールの根拠が曖昧な推論を「不適切な演繹法」という。

帰納法の落とし穴

実は、ビジネスにおいては、法律のように「ルール」→「事実」→「結論」という三段論法では推論できない場合が少なくない。そもそも、ビジネスの世界のルールの根拠は実はあまり考えられていない。そこで、もう1つの推論法である「帰納法」が重要になってくる。簡単にいえば、帰納法とは、複数の事実（観察事項）を関連づけ、共通項を導き、抽象化して「ルール」（一般論）を導き出す思考法である。

しかし、「帰納法」にも落とし穴がある。それは、「安易な一般化」という陥穽《かんせい》である。

例えば、電車内で大きな声で携帯をかけている若者がいたという事実（観察事項1）、電車内で化粧をしている高校生がいたという事実（観察事項2）、学校におけるいじめが問題になっていることを新聞で知ったという事実（観察事項3）から、ある人が「日本の若者は、品位が低下し、モラルに欠ける」という「一般論」を導き出したとする。果たして、正しい推論だろうか。

彼は、頭のなかでまず、「日本の若者はけしからん」という暗黙の仮説を立て、その後でそれに合致するような観察事項をみつけていったのかもしれない。その結果、すばらしい日本の若者の存在を観察することはできなかった。このような帰納法の使い方を「安易な一般化」という。

安易な一般化を見抜く

安易な一般化を見抜くには、3つの視点が大切である。

第一は、サンプル数を確認すること。右の例でいえば、サンプル数は3つしかない。高校生だけでも数百万人もいるのに、わずか3つの観察事項から「一般論」を導き出すのは、安易な一般化といわざるを得ない。

第二は、拡大解釈をしていないかどうかをみること。ここでの推論は、「一部の若者」の観察事項から、「若者全体」という拡大解釈が行なわれているので、安易な一般化といえる。

第三は、都合のいい結論になっていないかを問うこと。そのためには、「反証」を探してみることが、最も効果的な方法である。

交渉の現場では、とかく自分に都合のいい結論を出したいがために推論しがちなので、「論理的な推論」になっていない場合が多い。安易な一般化を見抜く最も重要なポイントは、反証を探す勇気があるかどうかである。一言でいうと、交渉の現場で、「自分の一般化はまともかどうか」を確認すること。仮に、「一般化はまともだ」と考えるのであれば、反証がないかどうかを自分自身に問いかける。そして、「反証できるのでやめておこう」と考える勇気があれば、適切な推論ができるはずである。

4——質問力を磨く

交渉上手は聞き上手

ビジネスの場に限らないが、ある種の利害が対立する「交渉」の場において、「二分法の罠」にはまってしまいそうになったり、合意バイアスで追いつめられてしまったりした経験はあるだろう。

そういうときには、いったいどのようにしてその場を切り抜けたらいいだろうか。最も大事なことは、「質問」を投げかけて相手の話を聞くことである。

日本人はあまり相手に質問しないといわれる。それは、相手に迷惑をかけるようなことになってはいけないという日本人的な考えがあるからである。また、相手に質問して違う返事が返ってきたら、身動きがとれなくなると心配してしまうからである。そこで、自分のなかだけで解決しようとする。

しかし、相手のほうにも論理があるのだから、相手から話を聞かないことには結果は出ないことは明らかである。

［事例2］でいえば、ディスカウントの話が出て不意を突かれたA氏は心のなかで、「えっ、なぜ、いきなりディスカウントの話なんだろう？」という疑問をもった。それは、とても良い疑問だった。しかしA氏は、せっかくの疑問を無視して、ディスカウントの話に目を向けてしまった。

交渉の過程で湧き上がる疑問をそのまま放置しないことは、論理的思考の大前提である。意識的に質問をする習慣をつけることが重要であり、「交渉上手は聞き上手」といわれるゆえんである。

質問技術を身につける

もちろん、適切な質問の仕方がある。例えば、ディスカウントの話が出たときに、相手に対して「なぜ15％ディスカウントしなくちゃいけないんですか？」などと聞くのは、良い質問とはいえない。そんなことをすれば、相手の話や意見を批判していると受け取られてしまい、喧嘩腰になって交渉が決裂してしまいかねない。

交渉とはコミュニケーションである。相手から教えてもらうという姿勢で質問し、コミュニケーションのなかに気の利いた質問を入れていくことが重要である。

例えば、相手が15％のディスカウントといってきたら、自分が提示した価格はこういう理由でつけられた最善の価格だという話をする。そうすれば、ディスカウントの話に直接触れることなく、ディスカウントできないことが相手に伝わり、しかもきちんと理由も述べられている。そこで相手は、15％のディスカウントを要求した理由をいわなければならなくなる。つまり、ストレートに「なぜ15％ディスカウントなのか？」という質問をしないほうが相手に質問の真意が伝わるということである。

しかし、相手がさらに食い下がってきたらどうすべきか。第二段階として適切な推論を行なうべきである。

例えば、「提示した価格は、わが社が設定した最善の価格であり、他社と比較してもこの価格がベストだということを説明させていただきました。しかしながら、それでもディスカウントを要求されるのであれば、わが社も何かが得られなければできません」といえば、次の話につなげられる。そして、「15%ディスカウントは了承できそうにありませんが、他に何かいい方法はありませんか?」などといいながら推論の可能性の要素を探しに行く。

ここでも質問の重要性が如実に表れる。問題解決に有益な情報は相手側にあるのであり、上手な質問をして、相手に少しでも多く話させることができれば、創造的な問題解決の可能性が高まるからである。

オープン・クエスチョンとクローズド・クエスチョン

交渉上手は自分に都合のいい情報を相手に求めるようなことはしない。なぜなら、交渉相手から情報を得て創造的な問題解決をしたいと考えているからである。相手からうまく情報を引き出すためには、いくつかの方法がある。

第一に、相手から何を聞きたいのかを事前に準備しておくこと。

質問事項を箇条書きにしておくか、キーワードを列挙しておくだけでもいい。「こんなことは聞いても無駄かな」とか「こんな質問には答えてくれないかもしれない」と思っても、とりあえず書き出しておく。そうしてつくった質問リストを眺めてみると、いろいろなことがわかってくる。そこで、アジェンダごとに質問を整理しておけば、交渉の現場で迷わずにすむ。

第二は、オープン・クエスチョンとクローズド・クエスチョンを使い分けて質問すること。「オープン・クエスチョン」とは、「〇〇についてどう思いますか?」というように、自由な回答を求める質問である。それに対して、「クローズド・クエスチョン」とは、「イエスか、ノーか」あるいはいくつかの選択肢のなかから選んでもらうというタイプの質問である。

交渉の初期段階では、できるだけオープン・クエスチョンを使い、相手にいろいろ語ってもらうことが有益である。また、こちらから提案を行ない、それに対するコメントを求めるということをしてもいい。仮に、その提案に対する反対や批判が出れば、なぜそう思うのか、その理由を質《ただ》すことができる。

「なぜ?」という質問に対しては、「そんなことも知らないのか?」というように、いかにも不機嫌そうな顔をする人もいる。しかし、そのような場合でも、馬鹿にされていると思って憤慨したり、不愉快になったりしてはいけない。「大事な交渉ですから、疑問は残したくないので、教えていただけませんか」と返せばいい。また「ここは大事な点なので、あえてお聞きしないと判断できかねます」というようなプレッシャーをかけた発言をすれば、相手も答えざるを得なくなる。

ここで銘記すべきことは、双方が合意しない限り交渉は終わらないということである。一方が「納得できない」といえば、相手は説明せざるを得ない。それが交渉である。質問することを恐れてはいけない。

「定義」を聞く

第三に、最も簡単な質問は、相手が使っている言葉の定義を尋ねること。

言葉の意味や定義を聞く質問は、流暢な語り口で絶え間なく説明するようなタイプ、あるいは機関銃のように早口で話すようなタイプの交渉相手には有効な手段である。彼らは、言葉の意味をしっかり定義づけているわけではないし、その場でいろいろ脚色したり、はったりを入れたり、関係ないものをこじつけたりしているケースも多い。

例えば、「いまおっしゃった、クラウドコンピューティングを活用するということですが、具体的にどのような意味ですか？」と質問する。意外にも、返事に窮したりすることもあるかもしれない。少なくとも、相手に対して少し手強い交渉者だと認識させることができる。また、相手はより適切な用語を使うようになり、交渉での意味の取り違えを防ぐことができる。

早口で話すようなタイプの交渉者は、相手を納得させようとして必死で説明しようとしている場合が多い。そこで、さらに質問を繰り返すことによって、状況を打開する手段もみえてくる。簡単なことではあるが、言葉の意味を尋ねることによって、交渉全体を有利な展開に導くことも可能である。

相手の言葉を使う

第四は、相手の発言をうまく利用すること。

実は、交渉の場では、自分がいいたいことで頭がいっぱいになって、相手の発言を聞いていないというケースが意外に多い。しかし、自分の話が相手に伝わっていないと感じると、人はとかく不愉快になる。逆に、自分の意見が合意案に反映されると喜びを感じる。交渉を円滑に進めるためには、「相手の発言をうまく利用する」というテクニックは重要である。

交渉で相手に受け入れてもらうための鉄則は、相手を説得するのではなく、相手が自ら納得するように仕向けること。そのためには、相手の発言をうまく利用するのが最も効果的である。相手が使った言葉を利用して、相手の話に真剣に耳を傾けていることを強調するための方法としては、①要約、②反復、③共感という3つがある。いずれも、単に相手の話を聞くだけではなく、しっかり聞いているということを相手に知らしめる工夫で、交渉においてきわめて重要である。

■要約する

交渉相手の提案や説明を受けた後で、「あなたのご指摘の点は、要するに、この製品の販路として、東南アジアに目を向けるべきだということですね」というように、相手の発言を手短にまとめて表す。相手は、自分の発言をきちんと聞いてくれたと満足する。その要約が少し間違っている場合には、相手は「少し違う」といって詳しく説明してくれるかもしれない。そうなれば、より多くの情報を手に入れることができる。

■反復する

交渉相手の発言すべてを繰り返すのではなく、重要だと思われる部分だけを繰り返す。その際、例えば、「あなたがおっしゃったように、『ネットワーク効果』の問題は、私どもも深刻だと考えています」というように、相手が使っている用語をキーワードとして入れることも重要である。相手は、自分の言葉が重要な取扱いを受けていることに満足を覚えるだろう。ただし、いうまでもないことだが、自分にとって都合の悪い言葉は避けて、反復しても自分に害が及ばないような言葉を使うべきである。

■共感する

相手の発言のなかで、自分も同じように感じた場合には、「ご指摘の通りですね」というように、共感の意をはっきり言葉に出すことも重要である。相手の発言に対してうなずくだけでもよい。相手は、とにかく受け入れてほしいと思って発言する。誰だって「ノー」といわれるのは怖い。もちろん、共感できないことに無理してうなずくことはない。あえて共感を示さないことで、反対の意思をやんわりと相手に伝えることができる。

第３章

事前準備の5ステップ

1――準備の重要性

「準備なくして成果なし」

交渉は準備次第で大きく変わる。交渉においては、「準備8割・現場2割」ともいわれている。「準備なくして成果なし」というべきかもしれない。

交渉における準備の重要性について異を唱える人はほとんどいない。しかし、必ずしもすべての人が準備をして交渉に臨んでいるわけではない。準備に多大な労力と時間がかかるようでは、「忙しくて準備できなかった」ということになりかねない。せっかく準備しても、その効果が表れないような仕方では時間の無駄遣いである。

したがって、いかにして効率的かつ効果的に準備するかがポイントになる。できるだけシンプルで、そして最も重要な項目だけを抽出して、準備することが大切である。

5ステップ

これまでいろいろな試行錯誤を重ねて研究した結果、短時間でかつ効果的な準備が可能であることがわかってきた。それは、次の5つの事前準備を行なうことである。

- 状況を把握する
- ミッションを考える
- 目標を設定する
- 創造的選択肢を考える
- BATNA（合意できなかったらどうするかを考える）

この5つの項目について、順に、時間をかけずに一気に最後まで考えてみることが重要である。これを「事前準備の5ステップ」と呼ぶ。

5ステップ・アプローチは、さまざまな研究によって、実際に成果が上がることが明らかになっている。5つの事前準備を、セットで順序立てて考えると、頭がクリアになって、強い気持ちで交渉の場に臨むことができる。交渉内容の複雑さにもよるが、一般的な交渉では、30分程度で5つの事前準備はできる。

2——状況を把握する

適切な状況把握は交渉の成功確率を上げる

当たり前のことだが、状況把握を間違えると、交渉はうまく運ばない。「敵を知り、己を知れば、百戦するも危うからず」（『孫子』岩波文庫、52ページ）という孫子の言葉があるように、状況把握は重要である。適切な状況の把握は、交渉の成功確率を上げる。

また、「戦闘とは錯誤の連続であり、より少なく誤りをおかした方により好ましい帰結をもたらす」（戸部良一他『失敗の本質』中公文庫、97ページ）ともいわれる。ここで、「戦闘」を「交渉」という言葉に置き換えてみると、次のようになる。

「交渉とは錯誤の連続であり、より少なく誤りをおかした方により好ましい帰結をもたらす」

では、「より少ない誤り」のために必要なことは何か。それは「状況把握」である。不十分な状況把握は不適切な戦略策定に結びつき、不適切な交渉スタイルをとらざるを得なくなり、不満足な結果しか得られない。交渉を成功に導くためには、適切な状況把握こそが重要である。

しかし、現実の交渉において、事前に十分な状況把握を行なうことは必ずしも容易ではない。相手の出方を予想することがむずかしいからである。そこで、交渉前の状況把握とともに交渉中の状況把握が重要になる。交渉の場で相手とのコミュニケーションをとりながら、相手から情報を得て状況把握をし、交渉をより良い方向に進めることである。

情報の収集と分析

適切な状況把握を行なうためには、情報を収集して、それを分析する必要がある。情報収集と分析（すなわち「インテリジェンス」）について苦手意識をもっている人は少なからずいるかもしれない。インテリジェンスのポイントは情報収集の目的を絞り込んで集約することである。一般的な交渉では、交渉相手や交渉内容があらかじめ明らかになっている場合が多いので、交渉に必要な情報については比較的把握しやすい。

さらにいえば、交渉においては、必ずしもすぐにその場で答えを出す必要はない。初日は「聞き上手」に徹し、相手の情報から状況把握を行なう。仮に、相手が理不尽な人だとすれば、その理不尽な人のロジックがわからない限り答を出すことはできない。つまり、状況を把握するためには、相手から情報を得ることが大事だということである。

実は、本格的な駆け引きが始まる前に、どのような内容の交渉にするかを決めるための「アジェンダ交渉」を行なうと交渉がマネジメントしやすくなる。交渉内容についてお互いに意見交換する過程で相手の情報が入ってくるので、何をどういったら「地雷を踏む」のか、相手はどこにいちばん関心をもっているのかなど、「状況把握」ができるからである。

わかりにくいときは図式化する

さて、交渉に必要な情報をいかに効率的に集めるか。

まずは、自分の頭のなかにあることを書き出してみること。紙に書いてもいいし、付箋《ふせん》を使ってもいい。タブレット端末を使い慣れた人であればそれを使ってもいい。とにかく、頭のなかで漠然と考えていることをそのままにしないで、自分の頭に思い浮かぶままに、自分の考えを「見える化」する。

自分の考えを「見える化」して、さらに必要な情報が明確になれば、それを調べ、情報を収集する。そして、情報を集約して整理する。その際、とかく煩雑になってわかりにくくなってしまうことも多い。そういうときには「マトリクス」を書くことをお勧めしたい。Ａ４サイズ位の紙に、交渉相手と自分との関係を一覧できるように図式化して書き記す。

さまざまな利害関係や人間関係が錯綜するビジネスの交渉では、意思決定をする際に、できるだけ目に見えるかたちで状況を把握する必要がある。お互いが背後に抱えているさまざまな利害や関係性が交渉に反映されるので、「相手が背後に抱えているものは何か」をみつけるために、頭のなかで抽象的に理解していたものを文字化するだけでは足りない。さまざまな利害関係や人間関係をよりわかりやすく理解するためには、図式化（マトリクス）が必要不可欠になるのである。

マトリクスのつくり方

マトリクスのつくり方を紹介しよう。

まず、紙の中央左側に自分自身を、右側に交渉相手を書いて対峙させ、それぞれの情報を書き入れていく。双方の情報がそれぞれ翼（ウイング）のように広がっていくイメージである。そして、双方の情報全体を包み込むようなかたちで、交渉を取り巻く経済的な状況や社会情勢について書いておく。例えば、交渉に大きな影響を与える可能性のある法改正や大事

図1――交渉のためのマトリクス

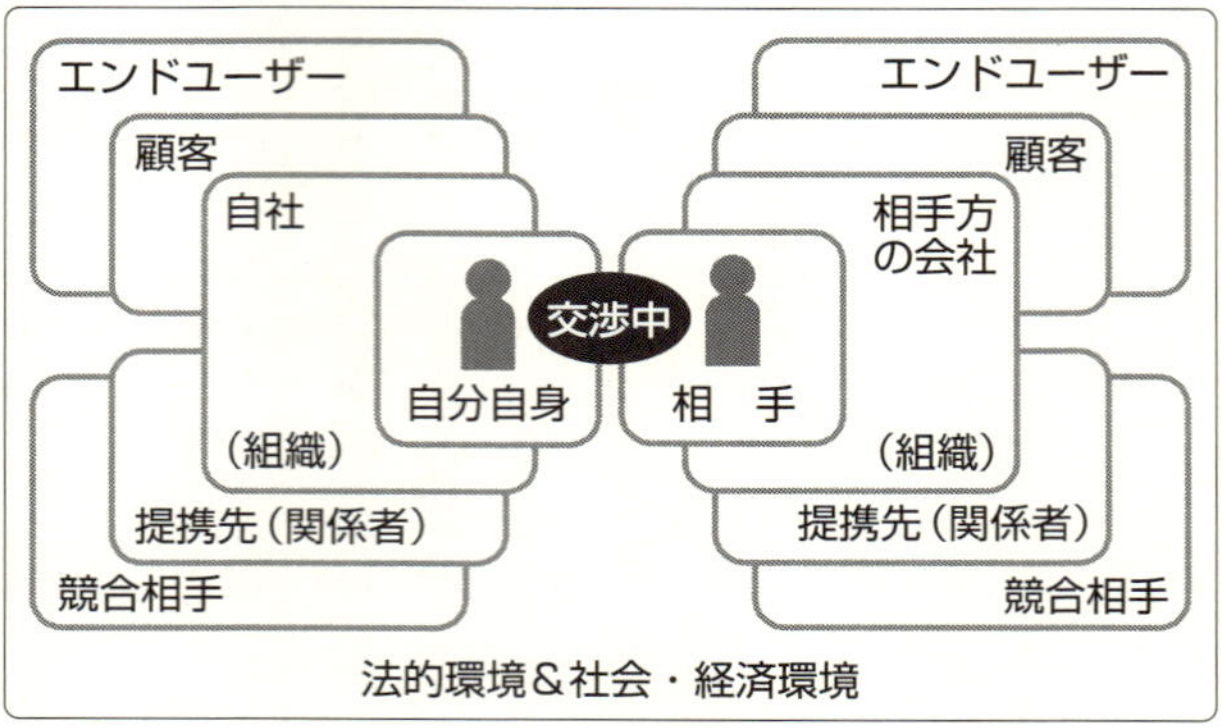

件(あるいは大災害)、海外の情勢などを書き込んでおく(図1)。

要するに、マトリクスのなかに、自分自身の情報、交渉相手の情報、そして交渉を取り巻く環境に関する情報を書いて整理する。そして、それぞれの情報は、会社組織、提携先、競合相手、エンドユーザーなどに細分化して整理しておくと便利である。

例えば、組織や株主構成などの情報は交渉に影響することが多いので、交渉相手が同族会社かどうか、外資ファンドなどが株主になっているかどうかも明記しておくほうがよい。交渉相手の提携先や競合相手、さらにはエンドユーザー(消費者)についてもしっかり把握しておくことで、自社の提案や選択肢に厚みが出てくることになる。

交渉の準備はマトリクスから

マトリクスをつくることによって、その交渉が自社にとってどのくらい重要なのかイメージしやすくなる。例えば、中長期的に自社の競争優位を維持することを意図した交渉であれば、当然、ある程度長期スパンで考える必要が出てくる。したがって、目の前の利益の取り合いよりも、むしろ共同研究開発や守秘義務や特許の取り扱いなど、慎重に考慮すべき事項を優先しなければならない。マトリクスは自社の戦略的位置づけを考える上でも有益である。

マトリクスを眺めていると、平凡だと思っていた交渉が予想以上に重要であることに気づいたりすることもある。逆に、どうしても合意したいと思っていた交渉が、ビジネスとしてはその先の展開が見込めないことがわかってきたりする。つまり、マトリクスをつくることによって、その交渉の価値の見極めができるようになる。

また、その交渉で相手が何を望んでいるかを考える際にもマトリクスは有効である。事前にマトリクスをにらみながら相手の望んでいることを推測していくと、相手の交渉戦略がおぼろげながらわかるようになる。

さらに、これから行なおうとしている交渉が社会的に妥当なものなのかどうかを考える際にもマトリクスは役に立つ。当事者双方にとってはメリットが大きいが、社会的にみるとデメリットになるような入札談合やカルテルといった経済犯罪になる交渉もありうるので注意が必要である。企業不祥事は、社内あるいは共謀した社外の人間や他社との交渉のなかで形成され、それが次第に大きく膨らんでいった結果である。このようなことを避けるために、マトリクスを見ながら、交渉相手との合意の社会的意味を再確認することも大きな意味がある。

マトリクスはきわめて簡単なものだが、交渉全体を見通すためのすぐれた道具である。マトリクスを見ることでいろいろなアイデアが生まれてくる。また、マトリクスを使うことで交渉を多角的な視点でとらえ直すことができる。

「交渉の準備はマトリクスから」とぜひ覚えておいていただきたい。

状況把握は交渉中にアップデート

状況を把握する際に大事なことがもう1つある。それは、交渉前の状況把握だけではなく、交渉中の状況把握も重要だということである。

交渉の場では、相手の論理と戦わなければいけない。そこで、目の前にいる相手がどういう人なのかを見極めることも大事なことである。X社の担当者Yという人はどのような人なのか。事前に調べれば年齢や役職などはわかるかもしれない。しかし、実際に話してみなければわからないことのほうが多い。

したがって、交渉を行ないながら、交渉相手の情報から判断して、状況把握を修正・変更していく必要がある。事前に最低限の状況把握をして交渉の場に臨み、交渉相手とコミュニケーションをとりながら、その状況把握を修正・変更していく。そして、交渉の序盤で事前の状況把握の修正・変更ができれば、交渉は格段にうまく運ぶ。

3――交渉のミッションを考える

何のために交渉するのか

「交渉」については、とにかく相手に勝たなければいけないというプレッシャーを感じながら相手と対峙するというようなイメージがある。動物の世界でいえば、まさに食うか食われるかの弱肉強食の戦いであり、隙をみせたら負けというような状況である。

しかし、人が行なう「交渉」を戦いの場にしてはいけない。そのために重要なのが、交渉における「ミッション」である。「ミッション」とは、共通の目標あるいは究極のゴールのことである。

もう少し具体的にいえば、交渉の場に臨んでいるあなたと私は、勝ち負けで対決しているのではなく、1つの目標に向かっているということを示すために「ミッション」を用意する必要がある。その際、漠然とした抽象的な「ミッション」よりも、ある程度ブレークダウンした「ミッション」のほうがよい。

ビジネス交渉での「合意」は、終着点ではなく、出発点であることが多い。例えば、あるメーカー2社の合併交渉が行なわれ、合併が合意されたとする。この交渉の究極の目的は、合併後に市場で競争力をつけて生き残ることであり、合併合意はあくまでもそのための手段にすぎない。つまり、「市場競争力をつける」ことが合併交渉の「ミッション」になる。

ジム・キャンプの言葉を借りれば、「ミッション」とは、「少し大きな視点から、交渉における合意の先にある利益」のことである（ジム・キャンプ『交渉は「ノー！」から始めよ』ダイヤモンド社）。

ミッションをもって交渉に当たる

共同開発プロジェクトを行なっているのであれば、そのプロジェクトを成功させることを共通のミッションとして提示すればよい。例えば、「この製品を市場に投入してデファクト・スタンダードをとる」とか、「業界シェア第1位を獲得する」あるいは「この製品をトップブランドに育てる」ということである。

また、実際に行なわれる交渉は、「売買」というシビアな場面であることも多い。その売買交渉において、仮に、ディストリビューター（買い手）が自らのことしか考えていなかったとしたら、新商品を一所懸命に説明しているメーカー（売り手）に向かって、「売れるかどうかわからないので、そんな高い価格では取引できません」といって、すぐ価格の話になってしまうかもしれない。

しかし、開発した新商品を懸命に説明しているメーカー側の思いを理解して、「私も販売努力をしてみようと思いますが、日本だけではなく、アジアの市場展開もありうるかもしれません」というような会話をすれば、その商品を一緒に売ろうという「ミッション」をつくり出すことができる。その結果、目の前の交渉相手を敵としてみることがなくなり、同じ方向に向かって進むのだから、お互いに譲り合えるところは譲り合い、最終目標を達成しようという気持ちになることができる。

「合意」ではなく「ミッション」に着目する

交渉においては、合意することに着目するのではなく、合意の先にある「ミッション」を見据えて交渉することが重要である。例えば、共同開発プロジェクトの成功や顧客企業の効率性向上、あるいは新サービスの普及など、ミッションを実現する合意でなければ意味がない。逆にいえば、ミッションを準備することで、「合意するためだけの安易な譲歩」を避けることができる。

さらにいえば、ミッションは複数用意すべきである。とかく自分の思い込みでミッションを考えてしまうケースもありうる。思い込みによるミッションを相手に提案しても、それが相手に採用されなければミッションの意味がない。事前に複数のミッションを準備しておき、交渉の過程でそのなかから相手の立場に立ったミッションを提示すればよい。

ミッションを提示することによって、交渉相手と重なる部分を探るためのコミュニケーションの材料とすることができる。また、交渉においては、ミッション（究極の目標）と、次に説明する「ターゲット」（直接の目標）とをバランス良く使うことが肝要である。お互いの究極の目標が一致していることを明示することによって、単なる駆け引きに終始するのではなく、創造的解決を目指した交渉に当たっていることをお互いが理解することができる。

「ミッション」を考えることの効用

ミッションとは、交渉を通じて本当は何をしたいのかをはっきりさせることである。ミッションを考えていくと、交渉を取り巻く状況がよくみえるようになる。つまり、究極の目標であるミッションと、直接の目標であるターゲットとを明確に区別して考えることができるようになる。

ミッションを考えることによって、交渉に対するイメージがはっきりしてくる。その結果、その後の交渉の議論に一貫性が生まれてくる。いわゆる、議論の筋が通るということである。この議論の一貫性こそ、優秀な交渉者に共通する特徴である。交渉の場で、小手先の理屈ではなく、自らが本当に実現したいと思っているイメージから発言する。そこから生まれてくる説得力には計り知れないものがある。

なお、ミッションが外から与えられるような場合もある。例えば、交渉の場に、企業としてのミッションや組織としてのミッションをもち込むようなケースである。しかし、企業や組織のミッションは、とかく曖昧で何を目指しているのかよくわからないようなものが少なくない。また、そのミッションの前提となる状況把握が、すでに時代遅れになっていることもある。したがって、外から与えられたミッションは、それを所与と考えずに、みつめ直し、可能な限り再考するという視点が大切になる。

4——ターゲット（目標）を設定する

ミッションを実現するために目標を設定する

ミッションがはっきりしていれば、目標を設定するという作業をスムーズに行なうことができる。ミッションを実現するためにどのような条件が必要なのか、おのずと明らかになってくる。ミッションを実現するために個別の目標を設定するのである。

目標の設定とは、自らのミッションを具体的な数値や条件に置き換える作業である。例えば、価格交渉の場合、マンションを1億円で売却するのが最高目標であり、最低目標を8500万円とする。もちろん、この目標値は、ミッションに照らして合理的でなければならない。単に吹っ掛けるだけでは、その根拠を尋ねられたときに右往左往してしまうかもしれない。低すぎる目標ではミッションが実現できない。そして重要なことは、最高目標を明確に意識することである。つまり、交渉するときに、最高目標を相手に提示して交渉するのである。

最高目標と最低目標の間をＺＯＰＡ（Zone of Possible Agreement）と呼ぶ。ＺＯＰＡとは、「交渉可能価格帯」であり、相手の目標値をしっかり見極めるためのものである。交渉相手が「この金額でお願いしたい」というとすれば、その提示価格は相手のＺＯＰＡ（交渉可能価格帯）の一部だと考えておくとよい。

落としどころ探しの危険性

交渉の場では、最高目標（例えば1億円で売却）から価格を下げる場合には、その条件をあらかじめ考えておき、一方的な譲歩を避けなければならない。しかし、「価格」にこだわっている人は、ＺＯＰＡの意味をほとんど考えることなく、合意することだけに関心を向け、双方が譲ることができるぎりぎりの金額で合意しようとする。いわゆる「落としどころ」を探すわけだが、それは、つまり最低目標ということになってしまう。

本人は上手に「落としどころ」を探しているつもりでも、結局、ミニマムな合意しか形成できない。これは、交渉学的にはきわめてレベルの低い話である。駆け引きを挑んでくる可能性が高い相手に対して、落としどころしか考えていないとすれば、それよりもさらに低い価格を提示された場合にどのように交渉するのだろうか。

自分の最終目標をきちんと説明できれば、相手に何をいわれようがひるむ必要はない。「私がつけた価格を説明させてください」といえばいい。これは大事なポイントで、最高目標1億円と最低目標8500万円の場合に、相手が交渉のはじめに7500万円という数字を出してきたとき、「落としどころ」しか考えていなかった人は、この1000万円の開きに戸惑ってしまう。しかし、最高目標が1億円であることの説明がきちんとできれば、7500万円と1億円の差をお互いが認識できることになる。つまり、価格交渉においても、きわめて説得力がある状況をつくることができる。

良い交渉をする人は、事前の準備で最高目標を設定し、その最高目標をどのように説明するかを考える。これを、「上を向いた交渉」といい、最高目標を実現するために努力することが、交渉の成功確率を上げる。それに対して、「落としどころ」を意識しすぎる交渉スタイルを「下を向いた交渉」という。

アンカリング

ところで、ある一定の数値を提示されると、それを基準に検討してしまうことを「アンカリング」（錨《いかり》を下ろす）という。曖昧な目標設定は、アンカリングの餌食になる。第2章で取り上げた［事例2］で、b社の担当が「15％安くしてくれないと合意はむずかしいですよ」といったのはまさに「アンカリング」である。A氏はアンカリングに引っかかって、「それでは10％で何とか……」と、15％を基準にした数字を出してしまった。交渉の初期段階ではアンカリングに引っかかりやすいので注意が必要である。

ところで、家電製品などでは、「メーカーの希望小売価格」という価格設定がある。「究極のアンカリング」ともいわれているが、これは最初に「希望小売価格」という目標をみせておいて、その価格から例えば2割引にして販売するというものだが、消費者はすぐにそのからくりを見抜いてしまう。

それと同じように、個別の交渉相手とこのような交渉を行なってしまうと、次回の提示金額についても2割引は当たり前になる。一般的には、必ず遠いところに錨を下ろして（つまり、高い価格を提示して）交渉を有利に導こうとするものであることを、常に想定しなければならない。

要するに、交渉者が行なうべきことは、自分が最初にいう金額に責任をもつこと。そして、それに関してきっちり説明すること。それでも値引きを求められた場合には、よほどの事情が必要だということを相手に理解してもらい、相手から他の条件を引き出すようにしなければならない。例えば、実際に他の部署のプラント建設の契約などの話があって、はじめて交渉が前へ進むことを相手に理解してもらうことである。

5——創造的選択肢を考える

柔軟な発想による選択肢

「ミッション」（究極の目標）と「ターゲット」（直接の目標）を掲げている人が、落としどころ探しをせず、少しでも最高目標に近いところで相手を納得させるためには、いろいろなアイデア（選択肢）を提供する必要がある。交渉の場で、お互いが自らの要求をぶつけあうだけでは合意は成立しないからである。

目標に近づくためには柔軟な発想による選択肢（クリエイティブ・オプション：創造的選択肢）を考えなくてはならない。創造的選択肢は「落としどころ」ではない。双方の利益を満足させるものであり、どちらか一方が我慢をしたり譲歩したりするものではない。また、お互いにできる限り譲歩しあうというものでもない。双方が納得し満足できるような創造的選択肢を考えなければ交渉の合意はおぼつかない。

創造的選択肢といっても、別段むずかしいことではない。新しいアイデアとは、ちょっとした工夫のことである。例えば、「商品は欲しいけれども、すぐに全額払えない」という相手に対して、「分割でもいいですよ」といって、一括払いではなく分割払いにすることも創造的選択肢である。

相手の立場に立って考える

このような「ちょっとした工夫」（＝創造的選択肢）を常に考えておくことが大切である。

事前準備の段階で創造的選択肢をつくっておくためには、相手の立場に立って考えることが大切である。例えば、継続的取引の交渉では、単に安く買えばいいという発想で相手が交渉していると思い込んでしまうのは危険なことである。相手は安定供給を望んでいるかもしれないし、何らかのリスクを気にしているのかもしれないからである。

もちろん、準備段階で考えた創造的選択肢は、そのまま実際の交渉で使えないかもしれない。提案した選択肢に相手は興味を示さないかもしれない。そういうときには、相手になぜ興味がないのかを質問すればいい。それによって、相手のニーズを探り出すことができるかもしれない。創造的選択肢は相手のニーズを引き出すための1つの小道具だと考えて、いろいろな創造的選択肢を用意しておくのがよい。

オズボーンのチェックリスト

新しいアイデアとは、既存の要素の組み合わせである。アレックス・オズボーンは、「転用」「応用」「変更」「拡大」「縮小」「代用」「置換」「逆転」「結合」という9つのチェックリストを示しているが、この9項目を使って、創造的選択肢のアイデアを増やしてみることができる（表2）。

「転用」とは、他の用途で使われていたものを使ってみることであり、「応用」とは、他でうまくいったことを真似してみることである。「変更」とは、同じものでも意味合いや色などをちょっと変えてみることであり、「拡大」「縮小」とは、規模や時間などを拡大（縮小）してみることである。「代用」とは、代わりのものや人材を活用することであり、「置換」とは、順番などを変えてみることである。「逆転」とは、立場を変えて考えてみることで、交渉学ではきわめて重要な考え方であり、「結合」とは、合わせてみることである。

表2

リスト	説明	例
1. 転用	他の用途で使われていたものを使ってみる	手榴弾のトリガーから車のエアバッグが生まれた
2. 応用	他でうまくいったことを真似してみる	物理学や高等数学の応用→金融工学（デリバティブ）
3. 変更	同じものでもちょっと変えてみる（意味合いや色など）	和解の際、「賠償金」ではなく、「お見舞金」という名称で金を支払う
4. 拡大	規模、時間などを拡大する	EU（欧州統合）
5. 縮小	規模、時間などを縮小する	段階的停戦合意
6. 代用	代わりのものや人材を活用する	年賀状の代わりに電子メールで年賀の挨拶をする
7. 置換	順番などを変えてみる	相手に対する責任追及ではなく、「問題解決」から話し合う
8. 逆転	立場を変えて考えてみる（交渉学ではきわめて重要）	
9. 結合	合わせてみる	JR東日本のSuicaカードと携帯電話の結合

出典）加藤昌治『考具――考えるための道具、持っていますか？』（TBSブリタニカ）150ページを参照

例えば、良いアイデアがなかなか浮かばないときには、「縮小」して考える。軍事行動が起きている国家間で、いきなり「和平交渉」を提案しても両者がそれに応じるとは考えにくい。そこで、「和平交渉」を縮小して「段階的停戦合意」を提案する。1年という長期ではなく、場合によっては1日でもいい。「段階的停戦合意」という選択肢によって、相手とコミュニケーションをとる術《すべ》を探し、そこから会話が始まることになる。

最大のポイントは、最も縮小し

た提案で「合意」し、共通の価値観をもつことができるところを探しに行くこと。そこから話し合いをもつことができれば、「合意」を拡大していく作業を行なうことになる。

また、商品のアイデアを考える場合には「結合」が重要になる。マイクロソフトのWindowsは既存技術の見事な「結合」が魅力の要因であり、携帯電話にカメラ機能を付けたり、JR東日本のSuicaカード機能を付けたりすることも、「結合」による新商品開発である。

6――BATNAを用意する

BATNAとは

最後に、合意できなかったらどうするかを考えることである。交渉で合意が成立しない場合の最善の代替案をBATNA（Best Alternative to a Negotiated Agreement）という。事例で説明しよう。

事例3 BATNA

Aさんは販売価格350万円のX社の新車を300万円で購入したいと思っている（＝目標）。もちろん、ディーラーが「はい、わかりました、50万円値引きましょう」といってくれればいいのだが、ディーラーは値引きを渋るかもしれない。そこで、事前にY社のディーラーに行き、ほぼ同ランクで販売価格340万円のY社の新車を300万円に値引きしてもらえるという見積もりをもらい、その見積もりを持参してX社のディーラーを訪れたのである。

Aさんが手にしたY社の見積もりがBATNAである。Aさんは、この交渉がうまくいかないようであれば、代替的な行動をするという決意を相手に提示するのである。

BATNAの重要性

BATNAがないと意思決定の質が低下する。BATNAを用意し、ノーといえる準備をしていないと、際限なく譲歩せざるを得なくなるからである。仮に、BATNAが本来の目標よりも見劣りがするものであっても、BATNAがあることで取引を冷静にみつめ直すことができる。

日々のビジネスにおいて、どんなに大切な取引先であろうと、それ以外の相手との取引の可能性を模索しておくこと（＝ＢＡＴＮＡ）が必要である。いまの時代、未来永劫の取引先など存在しえない。ＢＡＴＮＡは、ビジネス環境が日々変化するなかで、いまの取引の意味を考えるための道具である。

ＢＡＴＮＡを用意するためには、ミッションが重要になる。現在の交渉相手との間でミッションが実現できないのであれば、別の手段（＝ＢＡＴＮＡ）を使ってミッションの実現を図る。

ＢＡＴＮＡを使うことによってではなく、ＢＡＴＮＡを用意しておくことで、いまの取引の価値を見極めることに意義がある。したがって、いまの取引が魅力的なものであるならば、ミッションが実現できる範囲であれば、かなり譲歩したとしても、適切な交渉姿勢だということになる。つまり、ＢＡＴＮＡは交渉における合意内容の質を決定する。

国際交渉の場でのBATNA

国際交渉の場面では、ＢＡＴＮＡがさかんに使われている。むしろ、ＢＡＴＮＡがなければ交渉はむずかしいというべきかもしれない。ＢＡＴＮＡがないということは、「不合意」

という選択肢を最初から放棄することを意味し、これを交渉相手に知られてしまうと、一方的譲歩を迫られる可能性が高まるからである。

そして最大のポイントは、BATNAを準備しないということは、自ら「原則立脚型交渉」を放棄するのと同じだということである。win-win 交渉をしたいのであれば、仮に win-lose 交渉をしたら損をするということを相手に示さなければならない。つまり、最悪の場合、自分は相手との交渉から離脱（walkout）する意思があるという厳しいカードをみせつける。ほんとうの win-win 交渉がどのようなものであるかを知っている人は、必ずBATNAを準備する。

BATNAの強化

交渉相手のBATNAを調べることも重要である。そして、自分のBATNAが弱い場合には、交渉前に必ずBATNAを強化する方策を考えることである。

「BATNA」は近年になってから使われ始めた言葉だが、その発想は200年以上前の第2代アメリカ大統領ジョン・アダムズの交渉戦略のなかにみることができる（Diamond ハーバード・ビジネス・レビュー編集部編訳『「交渉」からビジネスは始まる　HBRアンソロジーシリーズ』ダイヤモンド社、112～113ページの例を引用)。

事例4 国際交渉の場でのBATNA

当時、アメリカとフランスの軍事力を比較すると、フランス海軍が圧倒的に有利だった。そのような状況の下で和平交渉を行なうと、フランスが強圧的に出てくることは明らかだった。そこでアダムズ大統領は、和平交渉という目標のために、「戦争」(あるいは「軍事行動」)という「BATNA」を用意した。そしてさらに、交渉の進展を図るために、フランスとの軍事的均衡を保つことを目指してアメリカの戦艦の数を増やすという「BATNAの強化」を図った。

「BATNA」を活用したアダムズ大統領の交渉戦略の結果として、和平交渉が進展したことはいうまでもない。

第４章

交渉の基本戦略

1――交渉の基本戦略とは

「三方よし」の考え方

日本は交渉下手だといわれている。マスコミの報道などから判断する限りでは、尖閣諸島や竹島をめぐっての中国や韓国とのやり取りをみていても、いかにも「交渉下手」なところが目につく。国際ビジネスの世界でも、中国企業や韓国企業に圧倒されっぱなしという観が強い。

しかし、実は日本の交渉能力も捨てたものではない。短期的にみると、日本は国家間交渉の場で十分な結果を出していないかもしれないが、長期的視点からみると、日本は世界から信頼を勝ち得ているからである。実際、国際的にみると日本の信用度や信頼度がかなり高いことはよく知られている。交渉は話術ではなく信頼であり、相手の信頼を勝ち得るために最大限の努力をしている者が「交渉上手」なのである。

つまり、日本人は創造的に問題解決をすることを得意としているのである。「創造的な問題解決」とは、一見対立的にみえる交渉で、ゼロ・サム的な解決ではなく、プラス・サム的な解決を行なうことである。いわば、win-winの関係を生み出す解決である。

　この「創造的な問題解決」が日本人のDNAに組み込まれている。それは、古くは「三方よし」という考え方にさかのぼることができる。

「三方よし」とは、「売り手よし、買い手よし、世間よし」という近江商人のロジックだといわれている。12世紀以降、近江国（滋賀県）の商人たちは、近隣や遠隔地へ旅をして商売をし、その地で開店することが多かった。彼らを総称して近江商人という。近江商人にとっては他国の人々の信頼を得ることが何より重要であり、そのための心構えとして「三方よし」が説かれたといわれている。

　明治期以前の日本は約70の「国」（令制国）に分かれていて、それぞれの「国」の境をまたいで商売を行なうのは容易なことではなかった。地元を離れて商品を日本全国に売り歩いた近江商人たちは、「買い手」だけではなく、その地域社会（「世間」）を大切にすることを、遺言や家訓によって伝えていったのである。


「売り手よし、買い手よし、世間よし」

　実は、当時から「三方よし」という言葉が使われていたわけではない。

1754（宝暦4）年に、麻布を商っていた中村治兵衛宗岸が当時15歳だった養嗣子に向けて認めた書き置きのなかに次のような一節がある。

「たとへ他国へ商内に参り候ても、この商内物、この国の人一切の人々、皆々心よく着申され候ようにと、自分の事に思わず、皆人よき様にと思い、高利望み申さずとかく天道のめぐみ次第と、ただその行く先の人を大切におもふべく候」

現代語に直すと……

「他国へ商いに出かけたときには、持参した商品に自信をもって、その国のすべての人々に気持ちよく使ってもらうように心がけ、その取引が人々の役に立つことをひたすら願い、損得はその結果次第であると思い定めて、自分の利益だけを考えて一挙に高利を望むようなことをせず、何よりも行商先の人々の立場を尊重することを第一に心がけるべきである」

「自分の利益だけを考えるのではなく、何よりも相手の立場を尊重しなければならない」という教えを守ることによって、相手の信頼を勝ち得ることができる。これはまさに交渉における基本中の基本である。

小説家の火坂雅志は、戦国武将・藤堂高虎を描いた歴史小説『虎の城』（祥伝社）のなかで、「三方よし」の考え方を、「自己の利益だけでなく、買い手、さらにはあきないの場となる地域の発展をつねに念頭に置き、彼らは商業活動に励んだ。買い手の満足と地域の発展は、やがて売り手の信頼へとつながり、三方ともに共存共栄する」とまとめている。

「賢明な合意」と総合商社

ところで、交渉学の権威ロジャー・フィッシャー教授は、『ハーバード流交渉術』（原題："Getting to Yes"）のなかで「信頼」の大切さを力説し、それを「賢明な合意」（wise agreement）という言葉で表現している。

フィッシャー教授によれば、「賢明な合意」とは、「当事者双方の要望を可能な限り満足させ、時間がたっても効力を失わず、また社会全体の利益を考慮に入れた解決」である。簡単にいえば、「賢明な合意」とは「当事者双方と社会全体の利益を考慮する」ということであり、「三方よし」とまったく同じ考え方であることがわかる。「賢明な合意」は現在のハーバード交渉学の基本的な考え方である。

日本の「三方よし」の伝統（つまり、創造的問題解決）は、いま総合商社に見事に受け継がれている。「総合商社」は日本特有の企業形態だといわれている。海外には、特定の大企業に付随する専門商社はあるが、日本のような「総合商社」はない。なぜ日本にだけ巨大総合商社が複数存在するのか。その1つの理由として挙げられるのが、日本的な交渉の精神すなわち「三方よし」である。自分だけ良ければいいというのではなく、相手も満足させて、世間も満足させて、商売のチャンスをつかんでいく。総合商社は日本国内のみならず、世界の各地で、「三方よし」のロジックを実践している。

当事者はハッピー、周りは迷惑

「三方よし」あるいは「賢明な合意」がなぜ必要なのか。それは、当事者だけがハッピーで、周りは迷惑というようなことが、多々あるからである。

例えば、労使間の交渉では、双方が自分たちの立場の主張をいい合い、相手の要望は可能な限り否定する場合が多い。その結果、ストライキに突入して世間が迷惑をこうむることになる。次のような「交渉」がその典型的な事例である。

事例5　労使交渉

労働組合　この好景気のなか、賃上げしないというのはおかしい。とにかく一時金は、4・5カ月分に引き上げてもらわないと合意できない。
経営側　そんな要求はのめない。据え置きだ。
労働組合　では、ストライキになるがいいのか？
経営側　ストは困る。
労働組合　では、要求に従うのか？
経営側　それはできない。譲歩はしない。譲歩するのはあなたたちだ。
労働組合　こちらも譲歩できない。譲歩するのはあなたたちだ。

自分の立場だけを押しつけ、相手の要求をすべて否定する交渉では交渉決裂の確率が高いことは明白である。

政治の世界でも同じようなことが起きる。とにかく相手のいうことは認めない。だから問題は解決しない。多くの場合、交渉は平行線で進み、最後は妥協する。いわば、典型的な駆け引きが行なわれる。「世間が困る」という意識は政治家たちにはあまりない。

ビジネスの世界における談合やカルテルは、世間を無視した「合意」の例である。「談合」とは、国や地方自治体の公共事業などの入札の際に、入札業者同士で事前に話し合って落札業者を決め、その業者が落札できるように入札内容を調整する行為である。また、「カルテル」とは、企業間で価格や生産数量などを協定することである。

談合やカルテルは、当事者間ではハッピーなことかもしれない。しかし、消費者（世間）からみれば価格の引き上げという損失を被ることになる。そこで、独占禁止法（独禁法）でこれを禁止して、談合やカルテルが発覚した場合には、当該企業に対しては課徴金や刑事罰など法的制裁を加えるとともに、指名停止や悪評という社会的制裁も加えられることになる。

「三方よし」とCSR

いま、ビジネスの世界では、「三方よし」でいわれる「世間の利益」への配慮がますます重要になっている。

例えば、企業のコンプライアンスが強調されている。「コンプライアンス」とは、「法令遵守」と訳されているが、「法律や条例を遵守すること」に加えて、社内規程やマニュアルなどを遵守することや、さらには企業リスクを回避するためのルール設定や運用も含まれている。コンプライアンスは、もはや企業にとって当然のことなのである。

また、ほとんどの企業が、企業の社会的責任（CSR）を重視している。「企業の社会的責任」とは、企業が利益を追求するだけでなく、企業活動が社会へ与える影響に責任をもち、消費者、投資家、社会全体などすべての利害関係者（ステークホルダー）からの要求に対して適切な意思決定を行なうことである。

同志社大学の末永國紀名誉教授は著書のなかで、近江商人の「三方よし」はCSRの考え方に合致しており、商人たちは積極的に社会貢献に努めたと指摘している。そして、従来のCSRは、企業による経済的価値の提供やコストとしての社会貢献・不祥事防止の法令遵守などと考えられていたが、現在の「企業の社会的責任」とは、社会の変化に対応していくための企業戦略で、コストではなく投資として事業の中核に置くべきものととらえられていると指摘している。CSRの結果として、企業は将来の危機を低減し、新しい市場の創出も可能にするのである（『近江商人学入門』サンライズ出版）。

多くの日本企業は、少なくとも「相手の隙に乗じて儲けよう」とは考えていないし、多くの企業経営者たちは、社会的な信頼を勝ち得なかったら商売はできないと考えているはずである。

BATNAと「三方よし」

ところで、第3章で紹介したように、「ＢＡＴＮＡ」とは、合意できなかったらどうするかを考えることで、交渉の場に臨むための事前準備として欠かせないものである。しかし、とかく日本人はＢＡＴＮＡについてあまり考えていないといわれる。なぜだろうか。

日本人がＢＡＴＮＡなしで交渉の場に臨めるのは、幸いなことに、日本人は島国のなかで環境的に同じように生まれ育っているために、考え方も似ていて、お互いに信頼関係を保つことができ、わかり合えるからである。また、日本人の根本的な考え方のなかに、ＢＡＴＮＡなしでも信頼を勝ち得るというひたむきさや、まじめさがあるからである。

逆にいえば、日本には、仮に交渉相手を裏切るようなことをすれば、自分の居場所がなくなるかもしれないという別のＢＡＴＮＡがある。だから、日本ではＢＡＴＮＡを示さなくても「三方よし」の交渉がまとまるのである。

一方、欧米をはじめとする世界では、残念ながらＢＡＴＮＡをちらつかせながら交渉しない限り、なかなか問題解決を実現できない。したがって、国際社会における交渉では、ＢＡ

TNAをきちんと示さなければならないということになる。

交渉における3つの基本原則

もちろん、「三方よし」という考えで臨めば、それだけで交渉がうまく運ぶというわけではない。「三方よし」とは、いわば商売(あるいは交渉)を行なう上での「精神」として大事なことであり、現実に行なう交渉においては、創造的に問題解決するために必要な要素を考えながら交渉を進めるべきである。

交渉においてwin-winの解決を図り、「価値を創造する交渉」を行なうためには、次の3つの原則を頭に入れておかなければならない。第一の原則は、二分法から脱却して「立場から利害へ」という発想で交渉に当たることである。第二の原則は、双方の利害を満足させる合意案、すなわちクリエイティブ・オプション(創造的選択肢)をつくることである。そして第三の原則は、クールダウンして問題にフォーカスしながら、価値創造的な交渉を行なうことである。

以下では、交渉における3つの基本原則を順に解説していくことにする。

2――二分法からの脱却

二分法ではうまくいかない

第2章で説明したように、「二分法」とは、物事を二分割のカテゴリーに分類することによって、結論を導き出す論理的展開方法である。そして、「白か、黒か」「善か、悪か」「真か、偽か」「正解か、不正解か」というような二者択一で物事を割り切ろうとする発想にとらわれて、自ら選択肢の幅を狭めてしまうことを「二分法の罠にかかる」という。

二分法的な発想をする人は、相手の要求に対して「イエスか、ノーか」で応えようとする。例えば、[事例2]で解説したように、最初にディスカウントについて切り出されると、「ディスカウントするか否か」ということしか頭に浮かばなくなる。交渉での駆け引きにすぐに反応してしまい、結果として「二分法の罠」にかかってしまう。

さらには、相手の提案を断りにくいという心理的な傾向も加わって、合意することだけに着目してしまうという「合意バイアス」がかかり、「イエス」以外の選択肢はみえなくなってしまうのである。

交渉では、二分法の罠にかかって選択肢が狭くなることを避けなければならない。自分の「立場」にこだわる、というのも二分法的な発想である。「立場」とは、「売り手」と「買い手」、「経営者」と「労働者」、「自民党」と「民主党」などそれぞれが置かれている立場のことである。それぞれが自分の「立場」にこだわるあまり、交渉では相手に自分の要求をつきつけて譲歩を迫ることになる。それが交渉における最大の問題点である。

「立場から利害へ」

創造的な問題解決を目指すためには、「立場」ではなく「利害」を考えることが重要なポイントになる。

例えば、自動車を売買するときの交渉を考えてみよう。

自動車の売り手は販売店の担当者であり、買い手は自動車を買うために販売店を訪れた消費者である。販売担当者の「立場」としては、営業成績を上げるために自動車を売ることが重要になる。一方、買い手の消費者（の「立場」）としては、できるだけ安く買いたいということになる。このような状況で、売り手と買い手のそれぞれの「立場」だけが前面に出てしまうと、価格だけに注目した売買交渉が行なわれることになる。

「立場」だけでの交渉では、お互いが譲り合う余地はきわめて限られる。お互いが最も譲ることができないのが価格だからである。つまり、創造的な解決を目指す余地はなく、交渉は決裂してしまうことが多い。

複数の利害の調整

しかし、「立場」ではなく「利害」を考えたらどうだろうか。対立した交渉の場面では、「立場」も「利害」も一致点がないと思いがちだが、重要なことは「利害」は1つではないと気づくことである。「利害」とは、要するに、「利益」（interest）のことである。

自動車の売買交渉の例でいえば、「価格」だけで自動車を選ぶ人はいないはずである。ブランドや車種、安全性、アフターサービス、納期など、交渉できるさまざまな「利害」がある。交渉においては、複数ある利害を調整するという視点が必要である。

交渉において「利害」を考えることができれば、二分法的思考法から距離を置くことができる。「AかBのどちらかを選びなさい」ということから離れれば、さまざまな選択肢（オプション）が考えられるので、複数ある「利害」を調整するという交渉ができるということである。俗に、「交渉のネタ」が増えると交渉しやすくなるといわれているが、ネタを増やすような作業にもち込むことが重要なのである。

では、どのようにすれば「利害」の交渉に向かうことができるのか。それには、できるだけ相手の「利害」を理解するように努めるとともに、自分の利害を相手に伝えることである。むしろ、自分の利害が相手に伝わらなければ、相手が自分の利害について配慮することはないと考えたほうがよいかもしれない。

「価格」だけで交渉すれば、相手も当然「価格」の話をする。しかし、仮に事前準備で行なった交渉の「ミッション」について話し、ミッションに付随する選択肢を出すことができれば、それは利害との絡みのなかで選択肢を出したことになる。そうすると相手側にそれが伝わり、相手もそれなりの対応をするはずである。

自分の「利害」を相手に伝える

自分の「利害」を相手に伝える上で重要なことは、自分の関心事項（＝利害）を相手が誤解していないか常に確認することである。自分のことを相手はわかってくれているはずだと考えてはいけない。また、自分の思っていることを一度話せば、完全に相手に伝わると考えるのは、大きな誤解を生むもとになる。

会話や交渉のなかで、相手の言葉を100％理解するのはきわめてむずかしいことである。しかし、だからといって、理解できないことをいちいち聞き返すのは面倒であり、何度も聞き返すのも相手に失礼だと考えて、一応聞き取れているようなふりをしているケースも少なくないかもしれない。

その結果として、相手とのミスコミュニケーションにつながることになる。自分は伝えたと思っていても、相手は聞き逃しているかもしれない。お互いが、それをごまかしながら会話すれば、双方の思いは相手方に伝わらないことになる。

そこで、自分が大事だと思っていることは、交渉や会話のなかで何回も繰り返し話をして、相手にうまく伝える努力が必要になる。重要な話を聞き逃したと思っていた相手は、もう一度いってもらえるとほっとする。自分が本当に伝えたいことは、ある程度繰り返しながら、わかりやすく話すように努める。自分が伝えたいことを相手が記憶できるようにすれば、相手も自らの利害を話すようになる。

相手の利害をどう探るか?

次に、相手の「利害」はどのように探ったらいいのだろうか。

交渉における「利害」とは、決して経済的な利益だけではない。アメリカの心理学者のアブラハム・マズローは、「人間は自己実現に向かって絶えず成長する生きものである」と仮定して、人間の欲求を5段階のピラミッド階層で理論化した。「生理的欲求」「安全への欲求」「所属と愛の欲求」「承認（尊重）の欲求」「自己実現の欲求」で、いわゆる「マズローの欲求発展段階説」である。

ロジャー・フィッシャー教授は、マズローに倣《なら》って、交渉の「利害」は、「安全であること」「経済的利益を得ること」「相手に認められること」「好意的に接してもらえること」「自由な意思決定が認められること」という人間の5つの本質的な欲求の反映であるとしている（『ハーバード流交渉術』TBSブリタニカ、75ページ）。

「安全であること」が人間の本質的な欲求であることは疑いの余地がない。「相手に認められること」は重要なことであり、相手が自分のことをまったく認めてくれなければ誰しも嫌な思いをする。また、「好意的に接してもらえること」や自分の「意思決定が認められること」によって、人は精神的に大きな満足を得ることができる。

要するに、ビジネスにおける交渉でも、「経済的利益を得ること」だけが「利害」ではないということである。相手の価値を理解して、相手の「利害」を探ることによって創造的な問題解決に向けた効果的な交渉ができるはずである。

3――創造的選択肢をつくる

創造的選択肢とは

「価値を創造する交渉」を行なうための第二の原則は、双方の利害を満足させる合意案、すなわちクリエイティブ・オプションをつくることである。

二分法から脱却し、立場から利害への転換を図ることができれば、交渉は大きく前進する。すでにコミュニケーションをとることができ、お互いの「利害」を提示することができている。そして次に、双方の利害を満足させるような合意案（「創造的選択肢」）を形成するという重要な段階に入る。

第3章で説明したように、「創造的選択肢」（クリエイティブ・オプション）とは、目標に近づくための柔軟な発想による選択肢であり、双方の利益を満足させるものである。それは、いわゆる「落としどころ」ではない。「創造的選択肢」とは、ちょっとした工夫のことであり、すばらしい新規のアイデアを出さなくても、既存のものを組み合わせるだけでもよい。

お互いの利害を突き詰めて考えてみると、創造的選択肢がそこに絡み合ってくることがわかる。

創造的選択肢の形成の際の注意点

創造的選択肢をみつける作業はそれほどむずかしいことではない。しかし、ときにはその作業が難航することがある。それは、創造的選択肢の形成を阻むような交渉姿勢がみられるときである。

第一は、批判的な交渉態度である。自分が考えた選択肢以外をすべて批判してしまうような態度で交渉に臨んでいる人が時々いる。そのような人との交渉では、創造的選択肢をみつけることはむずかしい。また、そのような態度をとる上司がいる組織では、社員が交渉で創造的選択肢を出そうとする雰囲気自体を阻害してしまうことになる。

第二は、マークシート問題を解くように、交渉の合意案に「正解」を求めようとする態度である。あらゆる交渉には、絶対的な正解などあり得ない。「正解探し」をしていては、創造的選択肢をみつけることはできないのである。また、上司が部下に対して「何か良いアイデアはないか」などと聞くのも避けなければならない。そんな質問をされると、すばらしいアイデアを出さなければいけないというプレッシャーに押しつぶされて、部下は何もいわないことになる。「何でもいいからいってほしい」というくらいのほうが、かえって創造的選択肢が出てくるものである。

第三が、相手に対する無関心である。交渉相手の問題は相手が解決すればいいとか、相手には興味がないという態度は、要するに、相手に対する価値理解がないことを表すことになる。自分の存在を大事に思ってくれないような人には意見をいう気にはならないものである。このような交渉姿勢では、いくら創造的選択肢をみつけようと思っても、せっかくの努力も水の泡になりかねない。

ポジティブ・フレーミング

批判的にはならず、「正解」を求めようとはせず、そして相手への関心をもつような交渉態度を、「ポジティブ・フレーミング」という。肯定的に受け止める、という考え方である。相手のいったことを「なかなか面白いね」といって盛り上げていく。すると、そこから可能性が生まれてくる。相手がいったことについて、即座に「つまらない」とか「無理だ」と評価を下してしまうと、その時点で可能性が消えてしまう。「それはくだらない」といったために、せっかくのアイデアが消えてダメになるケースも少なくない。

繰り返しになるが、創造的選択肢を生み出す交渉とは、自分と交渉相手の利益を最大化できるような選択肢を探す姿勢をもつことである。自分の利害を相手に伝えるとともに、相手の利害を正確に理解する。そして、双方の利害を調整する選択肢の候補をたくさんつくり出す。そして、そのためには、交渉相手との「ブレイン・ストーミング」などのコミュニケーションが不可欠なのである。なお、相手とのブレイン・ストーミングについては、第８章で再び論じることにする。

4──クールダウンする

交渉における感情の問題

人間は、ロボットとは違い、感情のない意思決定はできない。最新の脳科学研究の成果によれば、人間は最終的には感情とともに意思決定をしているといわれる。決して人はクールに決断しているわけではないのである。

人間には常に感情がつきまとっている。したがって、相手との交渉中に感情的になったり、相手に対して不快な思いをしたりすることは、きわめて普通のことである。しかし、交渉で感情をそのままぶつけあっていると、事態は収拾がつかなくなる。そこで、交渉全体をクールダウンさせ、感情とうまくつきあっていく姿勢が重要になる。高まっている感情をクールダウンするのではなく、常にクールダウンした交渉を行なうのである。

クールダウンするために視点を変える

では、どのように交渉全体をクールダウンさせるのか。重要なポイントは、視点を変えることである。

17世紀のフランス貴族フランソワ・ド・ラ・ロシュフコーは、「われわれは、自分と同じ意見の人以外は、ほとんど誰のことも良識ある人だとは思わない」という箴言《しんげん》を残している（『ラ・ロシュフコー箴言集』岩波文庫、156ページ）。

人は誰でも、自分の意見に同意してくれると、その人はいい人物だと思い、反対されると、この人はダメだという発想になりがちである。しかし、交渉で考えなければならないのは、自分の視点というよりはむしろ相手の視点からみることである。

しかし、相手の視点からみるのはそれほど簡単なことではない。国際会議の場では、先進国と発展途上国はほとんど常に対立するが、それは先進国が先進国の視点で途上国を語るからである。例えば、１９８２年に採択された国連海洋法条約会議の場で、先進国が会議に期待したのは海洋資源の使用規制の導入であり、発展途上国が会議に期待したのは海洋資源開発の技術供与だった。そして、途上国が期待した技術供与問題を先進国が軽視したために、感情的対立が起きたのである。

ある事実が目の前にあっても、自分のサイドからみるのと相手のサイドからみるのとでは、その事実は違ってみえる。したがって、相手が異なる意見をいうと、それに対して腹立たしく思い、「事実はこうだ」と反論したくなる。しかし、そのときに少し冷静になって、この事実が相手にどうみえているのかを考える。そうすると、いい議論ができるようになる。

相手側の視点に立って問題を考えることができれば、事態を劇的に変えることができる。相手の視点からみることで双方が相手の利害を認識した議論が可能となるからである。

感情に支配されると対立はエスカレートする

わかっているつもりでも、思うように感情をコントロールできないものである。感情に支配されると対立はエスカレートする。そこで、「負の感情の連鎖」が始まる。不安が怒りを呼び、怒りが不安を呼ぶ。不安と怒りの連鎖である。

「負の感情の連鎖」は、心に不安を感じているから起きる。相手に何かいわれると「それは困る」という不安が発端になって怒り出し、交渉相手に対する嫌悪感は増す。

このような負の感情の連鎖を断ち切らなければ、交渉は進まない。負の感情の連鎖を断ち切るために重要なことは、相手の感情を非難しないことである。反撃はせずに、自分のなかにある不安や怒りの原因を探る。なぜ「不快感」や「怒り」を感じるのか、相手の表面的な言動や態度だけに着目していないか、冷静に考えてみる。

相手を非難することではなく、問題を解決することに視点を切り替える。それが最大のポイントになる。問題を解決するのに焦点を当てるのであって、相手を非難するのではない。そして、視点を変え、相手の立場に立って、本来解決すべき問題にフォーカスする。

ホワイトボードの効用

また、相手と交渉しているときに、問題（内容）を交渉しているはずなのに、問題と人が一緒になってしまう場合がある。問題にフォーカスしなければならないのにもかかわらず、交渉相手と問題が混同されてしまうのである。そこで重要なことは、「人と問題の分離」である。

では、どうすればいいのか。人の感情はきわめてむずかしい問題なので、むしろできるだけ機械的に処理したほうがよい。例えば、交渉の場にホワイトボードがあれば、そこに相手との話の内容を書くのである。

相手の目をみて話すことは礼儀だといわれるが、それは揉め事が起きていない場合のこと。交渉で揉め事が起きているときに、お互いの目はおそらく吊り上っている。お互いの顔をみているうちに、互いの人格を責めているように感じてしまい、まともな議論などできるはずはない。

だから、問題をホワイトボードに書く。そして「ここはどうでしょうか？」と、ホワイトボードを指し、問題に対して怒っていることを、はっきりと相手に伝える。ホワイトボードがなければ紙に書いてもよい。あるいは、用意していった提案書に、事前に箇条書きにしておいてもよい。交渉相手と接するときに、最初からそちらに目を向けさせる。そうすると攻撃するベクトルの方向は「問題」であり、本人を攻撃しているのではないことが、相手に伝えられる。

これはとても大事な手法で、このようにしてむずかしい問題を乗り越える努力をしないと、相手にいくら問題をていねいに説明したとしても、相手は自分が攻撃を受けたものと感じてしまう。

共同作業にもち込む

負の感情の連鎖に落ち込まないようにするためのもう1つの方法は、共同作業にもち込むことである。相手が怒っている内容を理解し、整理したいともちかけるのである。

例えば、相手が怒って興奮したときに、「ご不満であることはわかりましたが、ご不満の内容をもう少し正確に理解するために、ちょっとまとめさせていただけませんか」といい、内容を1つずつ整理していく。

相手を攻撃したいと思っているのに共同作業につきあわされると、自分がいっていることを確認しなければならないので、興奮は抑えられる。興奮しているなかで確認作業を始めると、相手も調子が狂う。それが狙いで、しかも反撃しているわけではないので、相手をさらに怒らせるようなことにはならない。「私はものわかりがよくないので……」などとつけ加えるとさらに有効かもしれない。

仮に、感情の負の連鎖が起きて、交渉が決裂し、お互いが席を立ってしまったとする。そして、それぞれが会社に戻って上司に交渉経過を報告することになるが、相手が興奮して発した言葉を伝え聞いた上司も負の感情の連鎖に巻き込まれ、最悪の状態を招くことになってしまう。

そうならないためには、相手の言葉を整理するときに相手の暴言などの余計な言葉をはずして、まとまった話に変えるようにすることが必要である。まとまった内容を上司に話せば、上司を興奮させずにすみ、結果として相手も安心できる。

さらにもう1つつけ加えると、暴言や余計な言葉をはずすだけではなく、相手の言葉を自分に都合よく整理してみることも重要である。相手がその言葉にこだわっていれば訂正を迫ってくるだろうし、何もいわなければしめたもの。さすがにいいすぎたと感じている暴言が書いていないのに安心してくれれば、交渉はやりやすくなる。つまり、単なるまとめの作業だけでクールダウンに成功する。

感情を整理して問題に向かう

なお、感情的になっている相手をみても、すぐに譲歩してはいけない。感情的になった者の勝ちになってしまうからである。何よりも、それは、怒っていることをうまく利用するという相手の戦術かもしれないからである。

交渉の場では、自分があわてて譲歩すると、結局は、相手の思う壺にはまると考える冷静さが必要である。そこできちんと整理して、相手とまともな交渉をしようという気持ちを強くもつ。

実は、交渉の場に2人1組で来て、1人が怒り役になるという戦術もある。もう1人がなだめすかしていると、それを聞いている交渉相手は動揺する。1人がなだめるので相手の交渉自体はまともにみえるが、もう1人の担当者が怒っていることが強く記憶に残ることになる。いわゆる「グッドコップ－バッドコップ戦術」といわれるもので、第6章で詳しく説明するが、「怒り」などの感情は交渉戦術として使われることがあるので、要注意である。

第5章

交渉のマネジメント

1――交渉のマネジメント

交渉のマネジメントとは

交渉は通常、お互いの会話のやり取りで進む。したがって、交渉をマネジメントすることができるのかどうか、疑問をもつ人も多いかもしれない。しかし、交渉をマネジメントすることはできる。

例えば、サッカーではプレイヤーの数は11人と決まっているが、ゴールキーパー以外のプレイヤーは基本的にはどこでプレイしてもいい。実際、サッカーを始めたばかりの子どもたちは、ボールを蹴ろうとボールに群がって動いていく。しかし、ゲームを戦略的に展開するためには、広いフィールドのなかでのフォワード（FW）やミッドフィルダー（MF）、ディフェンダー（DF）などのポジションを決め、それぞれの役割や守備範囲、マークする相手などを決めることが必要になってくる。

交渉も同じことである。交渉の現場をていねいに観察し考察することによって、交渉で合意を形成するための方法論がみえてくる。そして、交渉のマネジメントが可能になる。

「交渉をマネジメントする」とは、相手を催眠術にかけて思うままに操ることではない。交渉のシナリオを事前に勝手に描いて、その通りに交渉を進めようと必死になる人がいるが、それは交渉のマネジメントとはいえない。この種の交渉をしようとしても、すぐに相手に見透かされてしまい、結局は無駄骨に終わってしまう。そもそも、人は相手のペースに乗せられることを好ましいとは思わない。

交渉相手をコントロールすることに必死になるのではなく、合意内容で自分の利益を図ることのほうが重要である。「交渉のマネジメント」とは、自分のシナリオ通りに相手を動かすのではなく、自分が目指す理想の合意案に向けて、交渉におけるいろいろな要素を管理することである。

交渉相手との関係の明確化

交渉をマネジメントするにあたって、まず必要なことは相手を見極めることである。その際の判断の重要なポイントは、交渉相手との取引が自分にとって、どの程度メリットをもたらすかを考えることである。

例えば、海外の市場で怪しげな露天商から土産物を買うときに真面目に交渉学を実践する人はまずいない。そこでは、典型的な駆け引きが行なわれ、アンカリングをかけて交渉する。露天商も端《はな》からそのつもりだろう。

しかし、ビジネス交渉など大事にしなければならない相手との交渉では、相手との関係をよく見極める必要がある。つまり、交渉相手を十把《じっぱ》一絡《ひとから》げにして考えることはできないということである。そして、まじめな交渉においては、交渉相手を代替可能性、持続性、将来の発展性という3つの側面からとらえて交渉に臨んだほうがいいということである。

「代替可能性を考える」とは、いまの交渉相手以外に取引できる相手がいるかどうかということである。取引相手が他にもたくさんある場合には、当然のことながら代替可能性は高い。また、代替的取引先がどの程度魅力的かも考えておかなければならない。

「持続性を考える」とは、目の前の取引相手とはどのくらいの期間つきあうことになるかということである。1回限りかもしれないし、あるいは長期的な関係になるかもしれない。そのつきあいの長さによって、交渉相手の大切さは当然変わってくる。

「将来の発展性」についても考える必要がある。相手との交渉がうまくいき、いま行なっているビジネスが大きく発展する可能性があるとすれば、もっと大きな成果が期待できるからである。

2――ビジネス交渉での交渉マネジメント

交渉相手を見極める

ビジネスの場においては、交渉相手に応じてマネジメントを変更するほうがよい。オハイオ州立大学経営大学院のJ・B・バーニー教授によれば、ビジネス交渉の相手は、「トレーディング・パートナー」「ビジネス・パートナー」「戦略的連携パートナー」の3つに分類することができる（J・B・バーニー『企業戦略論』ダイヤモンド社）。

「トレーディング・パートナー」とは、決まった製品・サービスを定期的に納入・供給する以外に取引がなく代替的取引先が容易にみつかる取引相手、あるいは、1回限りの取引相手のことである。「ビジネス・パートナー」とは、製品・サービスの継続的取引関係にある相手、あるいは現状のビジネスを行なう上での取引先である。「戦略的連携パートナー」とは、事業提携・新製品開発、海外進出などビジネスの重要案件を協同して実施する相手、あるいは自社のビジネスにとって協調することのメリットが大きい取引先である。

実は、交渉相手との将来のビジネスに対する過剰な期待が、現実の交渉を必要以上に複雑にしてしまう原因になっている場合が多い。例えば、ビジネスの場では「今後の良好なおつきあい」という言葉がよく使われるが、これは英語表現でいう「cheap talk」（安っぽい言葉）で、交渉の「ミッション」を考えることなく誰もがもち出す文句である。何を約束するのかが具体的に明確ではなく、あまり意味がないことをいっている。感じはいいけれども、次に会ったときには「そんなこといいましたっけ」という話になる。このような類の表現に惑わされて譲歩したりしないほうがいい。

「今回、譲歩することで、次の取引につながるだろう」という思惑で現在の条件からの譲歩を安易に検討するのではなく、交渉相手との将来の発展性を慎重に見極めながら、「今後の良好なおつきあい」という言葉をどの程度真に受けるのかを考えなければならない。

トレーディング・パートナーに対する交渉戦略

トレーディング・パートナーの場合でも、駆け引きだけでの対応は避けるべきである。仮に相手がトレーディング・パートナーであったとしても、そこまで割り切って考えないほうがよい。その段階では、相手の魅力がまだわからないからである。

取引相手にかかわらず、原則立脚型交渉の視点で交渉相手を分析する。つまり、「人と問題の分離」「立場から利害へ」「創造的選択肢の形成」「客観的基準」という交渉の基本原則を遵守すべきである。そして、トレーディング・パートナーとの交渉では、①現在の取引での最高の目標の実現を目指す、②最低目標のハードルを上げて相手に譲歩を期待する、という戦略が必要である。

要するに、トレーディング・パートナーに対しては、交渉の基本形は維持し、最高目標を出してもらえないのであれば交渉は打ち切りになるという姿勢で臨む。そして、最低目標のハードルを高くして、相手がむしろそれに乗ってきてくれるかどうかを見極める。それは、「駆け引き」と似ているかもしれないが、自分の最高目標を提示しながら、それに近いところで相手に応じてもらうことができるように交渉するということである。

ビジネス・パートナーに対する交渉戦略

ビジネス・パートナーとの関係はきわめて重要である。ある程度の持続性があるからである。ビジネス・パートナーとの交渉は大事にしなければならないが、その関係を重視するあまり、とかく「将来のための譲歩」に陥りがちになってしまう。ビジネス・パートナーとの交渉においては、現在の取引の継続にちょうどいいという程度なのか、将来のための発展に結びつくのかどうか、冷静に考えることが重要である。

ただひたすら良好なおつきあいを望み、将来発展する可能性があるという淡い期待ばかりを抱いて「win-win」を想像して交渉すると、相手の思う壺にはまってしまう。不確定な将来の発展のために譲歩することは避けなければならない。

ビジネス・パートナーとの交渉のポイントは、①現在の取引の継続に着目することと、②不確定な「将来の発展」のために現在の取引条件で譲歩しないこと。そして、③ビジネス・パートナーを査定して、戦略的連携パートナーへの発展の可能性を定期的に審査するとともに、代替的取引先を探すことを忘れてはならない。

そういう意味では、トレーディング・パートナーとの交渉と同様、「人と問題の分離」「立場から利害へ」「創造的選択肢の形成」「客観的基準」という交渉の基本原則を維持しながら、現在の取引の継続ができるかどうかを明確にして、将来の発展の可能性など、交渉相手の査定ができるようにすべきである。

戦略的連携パートナーに対する交渉戦略

最も重要なのは、戦略的に連携できるパートナーとの交渉である。戦略的連携パートナーとは、事業提携、共同研究開発、産学連携などの「持続的な競争優位を確保しうる事業」を協同して展開できるような関係にある相手だからである。相手と戦略的連携パートナーの関係になることが望ましいことはいうまでもないが、そういう相手ばかりが世の中にいるとは限らない。したがって、提携に必要な経営資源として交渉相手が提示したものなどが偽りでないかどうかを確認しなければならない。うますぎる話はとかく怪しいものが多い。注意が必要である。

例えば、海外進出の際の現地企業との交渉では、海外（特に欧米）に行くと、何となくすべてがよくみえてしまうようなことがままある。そこで、交渉学の基本に返って交渉にあたり、相手をみることが重要である。また、新興市場やベンチャーとの提携などでは、インターネットバブルや新興市場バブルに踊らされて、ワクワクして期待感だけを大きく膨らませてしまい、確認を怠りがちになる。

「偽る」ことと「騙す」ことは同じ意味ではない。したがって、きちんとした査定をしながら、相手が共同研究開発や提携に必要な技術・人材を提供してくれる確証があるかどうかを確認することが重要である。

3——視点を変える

さまざまな利害から選択肢を形成

「立場から利害へ」ということが交渉の基本戦略であることは第4章で紹介したが、ここでは、交渉のマネジメントの1つである「視点を変える」という観点から、もう一度、「立場から利害へ」ということについて説明したい。

例えば、ダム建設計画への反対運動では、電力会社はダム建設推進の立場であり、農家や環境団体はダム建設反対の立場をとる。つまり、表面的な「立場」からいえば典型的な二分法（ダム建設に賛成or反対）になるが、少し心を落ち着けて「利害」に目を向けると、さまざまな「利害」があるという興味深い事実がわかってくる。

電力会社は発電量を増強するためにダム建設を推進したいと考えている。一方、ダム建設地の下流で農業を営む農家は、水位の低下を懸念し、環境保護団体は鶴の生息環境を保全したいと考えている。電力会社と農業者・環境団体が正面から立場を前面に出して対決すれば、ダム建設に「賛成」か「反対」のいずれかの答えしか出てこない。

しかし、発電量の増強を考える電力会社は、他方で環境重視の企業イメージを確保したいという欲求ももっている。つまり、電力会社は複数の異なった「利害」をもっているということである。同様に、反対の立場に立つ農家と環境団体の思いは必ずしもまったく同じというわけではない。異なった「利害」をもっているかもしれない。

そのような相違する利害をみつめないと、どのような交渉をしているかわからなくなる。そこで、最初から「利害」に着目し、利害の相違から発想すれば、利害を満たす和解案を模索することが可能になる。

ここで発電量の増強という面だけをみれば、ダムを建設するという結論になる。二分法の世界では、ダムを建設するか否か、「全か無か」(all or nothing)の交渉を事実上要求している。実際、政治の世界でも同じ判断を迫られていた事実がある。２００９年に政権交代を実現した民主党は、ダム建設においては「全か無か」という二分法の議論をすべきではなかったのに、八ッ場《やんば》ダムの建設中止を決めてしまった。そして、さまざまな紆余曲折《うよきょくせつ》があって、ダム建設中止が撤回されてしまったのである。

仮に発電量増強が必要であるとすれば、小型ダムの建設という解決策もあり得たはずである。農家の人たちは水位低下が起こらないことが保証されればダム建設には反対しない。また、小型ダムを建設すると同時に生息地保護・保全の基金設立という解決策を考えることによって環境保護団体の理解を得られるかもしれない。

要するに、「立場」に基づく交渉ではなく「利害」に焦点を当てること、そして、「利害」の相違点に着目し、そこから選択肢を生み出すのである。利害の相違から「全員の利害を満足させる選択肢」があるかどうかに目を向ける。そして、利害の相違を「調整」することではじめて「賢明な合意」に至ることができる。

選挙担当者の交渉戦略

「視点を変える」という交渉マネジメントに関して興味深い事例を紹介したい（ジェームズ・K・セベニウス「交渉に失敗する6つの悪癖」『「交渉」からビジネスは始まる』所収、ダイヤモンド社、79ページ以下の例を参照・引用）。

事例6 1912年のアメリカ大統領選挙と著作権

アメリカの第26代大統領セオドア・ルーズベルトが1912年の大統領選挙に出馬したときのこと。セオドア・ルーズベルトの選挙陣営は、遊説のときに配布するパンフレットを数百万部印刷した後で、パンフレットに掲載した彼の写真がシカゴのある写真スタジオで撮ったもので、そのスタジオの許諾を得ていないことに気づいた。

すでに当時のアメリカでは、著作権法に基づいて使用料が発生することになっていた。パンフレット1枚につき1ドルの使用料を支払わなくてはならないので、合計数百万ドルになる。

そして、印刷し直す時間的余裕はなかった。

選挙責任者パーキンスは意外な行動に出た。彼は、次のような文面の手紙を写真スタジオに送ったのである。

「表紙にルーズベルトの写真を掲載したパンフレット数百万部を配布する予定である。この写真の使用は、貴スタジオにとっておおいに宣伝となるはずである。この件についてあなた方は、いかほどの謝礼をお支払いいただけるのか、お返事をいただきたい」

驚くべきことに、写真スタジオの対応は

「250ドル支払わせていただきたい」

というものだった。

パーキンスの手法は、著作権への無知につけ込んだ交渉戦術だと批判されるかもしれない。しかし、注目すべきは、発生した問題に対する視点の違いである。つまり、ルーズベルト陣営の他のスタッフは使用料が発生する写真を無断で使ってしまったと思ったが、写真スタジオが同じ思いを抱いているかどうかはわからない。そこで、「自分たちが思っているように相手は思っているだろうか」と考えることができるかどうかがポイントだったのである。

とかく私たちは、どちらかというと、自らの弱みや困っていることにばかり目が行ってしまい、自分たちの強みがみえないことがある。何となく劣等意識のような気持ちや、何やらまずいということばかりが気になってしまい、視点を変えることがなかなかできない。

つまり、他の選挙スタッフは、著作権問題にのみ着目し、法外な著作権料の発生と刷り直しの危機に直面し、取り返しがつかないことになってしまったとパニックに襲われた。一方、パーキンスは、写真スタジオの「利害」に着目し、これを冷静に分析して、「宣伝効果」という選択肢を考案して書簡を送った。その結果、視点が写真館の「利害」に向いて、見事な創造的選択肢が採用されたのである。

ズームインとズームアウト

視点を変えるための1つの方法は、「ズームイン」「ズームアウト」というきわめて単純なアプローチである。「ズームイン」とは、1つの被写体に焦点を当ててクローズアップすることである。また、「ズームアウト」とは、被写体を画面内でしだいに小さくとらえていくことである。

［事例6］で、ルーズベルト陣営の他の選挙スタッフは、著作権問題にズームインしたためにデッドロックに陥って、二進《にっち》も三進《さっち》も行かないと考えてしまった。一般的にいっても、重要な問題に取り組めば取り組むほど、人は確実にズームインするものである。一方パーキンスはズームアウトして、著作権の問題ではなく数百万枚のパンフレットが及ぼす写真スタジオへの宣伝効果という利害をみつけ出して、創造的な問題解決を図ることができたのである。

ヨーラム〝ジェリー〟ウィンド、コリン・クルック、ロバート・ガンサー『インポッシブル・シンキング』（日経BP社）が指摘するように、ズームアウトができるということは、相手の視点に立ってみることであり、全体を俯瞰してみることであり、さらにはもう少し中長期的な展望に立ってみるということである。そうすることによってみえてくるものがある。

しかし、出来事の渦中にあるときには、ほとんどの人はズームアウトをイメージすることができないものだ。例えば、交渉や契約などでデッドライン（締切）が迫ってくると、「もう間に合わない」とパニックに陥ってしまう。しかし、果たしてそれが本当のデッドラインなのかズームアウトして考える。つまり、相手にとってそのデッドラインに何の意味があるのか、よりよい提案を出すことを約束すればデッドラインを変更できるかもしれない、というところまで視点が行くかどうかである。

もちろん、世の中には変更できるデッドラインばかりではない。変更できないから「デッドライン」なのである。しかし、仮にそうであっても、ズームアウトして相手が求めているものは何なのかを考えると、別の創造的な問題解決ができることがある。

バルコニーからみる

さて、ズームアウトの1つである「全体を俯瞰してみる」というのは、交渉全体をマネジメントする上で重要なことである。ハーバード大学の交渉ネットワーク研究所長のウィリアム・L・ユーリー教授は、それを「バルコニーからみる」という表現を使って説明している。「バルコニーからみる」とは、相手と自分の交渉を、第三者の立場で客観的にみつめるということである。交渉中に交渉相手と同じレベルで対応し、同じ目線で考えていると、相手の反応ばかりに気をとられがちになる。そこで、バルコニーに上がって全体を俯瞰するとよい。

自分が交渉している場面を一段高いところから客観的にみるというイメージである。ビジネスの交渉では、「背後に抱えているものが何か」を認識することが重要である。バルコニーからみることによって、交渉プロセス全体を把握することができる。また、とかくありがちな「売り言葉に買い言葉」という事態を回避することができる。そして、相手の戦術を見抜くこともできる。

さらに、バルコニーからみることによって、「背後に抱えているもの」がみえてくる。例えば、自分や交渉相手の背後にどのようなプレイヤーがいるのかを考える。交渉相手の背後には上司や取引先がいる。自分自身の背後にも上司や取引先がいる。そして、さまざまな制約のなかで相手と交渉をする。仮に、何の制約もなしに交渉に臨むことができれば、自分も、そして相手ももっとよい人になって交渉できるのかもしれない。

そういう状況にあるなかで、お互いが背後に抱えているさまざまな利害や関係性が交渉に反映されていることを理解する。「相手も仕事なんだ」という感覚で、相手の背後にあるロジックをみようという気持ちになれば、「バルコニーから全体をみよう」という基本的なスタンスを確立することができる。

バルコニーからみるためには、第３章で示した図１のようなマトリクスを事前に用意しておくと便利である。交渉相手の背後にある会社（組織）、顧客、エンドユーザー、提携先、競合相手などのプレイヤーについて、わかる範囲で関係者の名前や特徴などを書き込んで、どのような関係にあるのかを予測してみる。また、自分自身を取り巻く法的環境あるいは社会・経済環境についても書き込んでおく。そうすることで、自分と相手の背後関係がよりクリアになって、それぞれの置かれている状況を整理できる。

このようなマトリクスを作成して交渉に臨むと、状況を正確に把握でき、相手の事情がわかって、「相手もかわいそうだな」という感覚をもつことができる。それは、交渉を２人の協同作業の方向へ導くための大事なポイントである。

交渉を時間軸で把握する

さらにいえば、交渉を時間軸で把握することによって、バルコニーから交渉全体を俯瞰することができるようになる。交渉開始（opening）から、アジェンダ交渉、内容に関する交渉、デューディリジェンス、合意（closing）というプロセスでの交渉の流れを把握するのである。

順を追って説明しよう。

まず、交渉開始（opening）では、交渉を進める意思があるか否かを確認し、基本合意（letter of intent）のもとで交渉が開始される。次に、協議事項の内容についての交渉（アジェンダ交渉）が行なわれ、さらに、法律、会計、環境などの外部要因の確認（デューディリジェンス）が行なわれる。また、交渉開始の際にも初期段階のデューディリジェンスが行なわれることはいうまでもない。そして、最後に、合意（closing）すなわち、確実な履行を確保するための最終確認が行なわれることになる。

なお、交渉のマネジメントという観点からみると、とりわけ重要なのはアジェンダ交渉である。アジェンダ交渉では、そもそも今回の協議事項は何なのかという大きな話を最初にもち出す。交渉プロセスの時間軸のなかで、アジェンダ交渉に十分な時間をとってから内容に関する交渉に入ることによって、交渉全体を俯瞰しやすくなる。

4――アジェンダ交渉のマネジメント

協議事項を抽出し整理する

アジェンダ交渉においては、まず、交渉上必要な協議事項を抽出し、それを分類・整理する。協議事項の抽出・整理はできるだけていねいに行なうほうがよい。協議事項の抽出・整理が十分に行なわれていないと、議論が混乱して次のようなことが起きてしまうかもしれない。

事例7 議論が混乱する会話例

Aさん　前回の話し合いで、R&D（研究開発）について話が進展してよかったです。ぜひwin-winな合意を目指しましょう。
Bさん　ええ、もちろんです。
Aさん　そこで、今回良い機会なので、例のXの特許権の問題についても、この勢いで、win-winな合意を目指してみませんか。
Bさん　あの件ですか。あれは弊社にはまったく落ち度がないということで、すでに解決したと思いますが。
Aさん　しかしやはり、御社の製品Yは当社の製品Xの特許権を侵害していると思うのですよね。
Bさん　ちょっと待ってください。今回、R&Dの話のなかでその問題を蒸し返すおつもりでしょうか。もしそうでしたら、R&Dのことも考え直す必要があります。

前回の話し合いでR&Dについての話が進展して気を良くしたAさんは、協議事項の抽出・整理を十分に行なわずに、両社間で懸案になっている特許権の話を突然出してしまった。その結果、Bさんの態度が急に硬化して、せっかくの交渉が険悪な状況になってしまったのである。

「漏れなく、ダブリなく」

協議事項の抽出・整理においては、ロジカルシンキングの世界で有名なMECE（Mutually Exclusive & Collectively Exhaustive）法が有用である（照屋華子・岡田恵子『ロジカル・シンキング――論理的な思考と構成のスキル』東洋経済新報社）。日本語をあてれば「漏れなく、ダブリなく」ということだが、漏れがないくらいていねいに協議事項を抽出した上で、重複している部分を削るということである。

例えば、営業成績の分析の際、地域ごとの営業成績の相違をていねいに分析したものの、顧客の属性に応じた営業成績の分析が不十分だったために交渉が失敗したというケースがある。話し合うべき協議事項をすべて抽出するということを怠ったことが、その原因だった。

また、チーム交渉の際、社内調整が不十分だったので、交渉チームの人間がそれぞれ似たような話を何度も繰り返してしまい、交渉相手からクレームが発生したというケースもある。それは、協議事項の重複を整理しなかったために起きてしまった事例である。

もちろん、「漏れなく、ダブリなく」を生真面目にやりすぎると、協議事項が多くなりすぎて交渉にならないということになりかねないので、必要なことを中心に、漏れていないか、ダブリはないかに注意して協議事項を考えるのである。

現実の交渉では、お互いに協議事項を出しあって、確認しているはずである。しかし、ある項目に対して双方が思っていることがどう違うのかがわからないまま交渉に突入してしまうこともよくあるので注意しなければならない。自分のほうで協議事項を整理し、それを相手に提案するのがベストである。

協議事項の優先順位

協議事項を抽出・整理したからといって、それだけで相手との交渉の方向性が決まるわけではない。そこで次に、協議事項の優先順位を決めることが必要になる。協議事項を重要な順に並べ替えるのである。協議事項の優先順位は、交渉相手の利害の反映であり、優先順位の確認をすることで相手の利害がわかることになる。

例えば、品質重視かコスト重視かについては、長年つきあっている会社であればある程度わかるかもしれない。しかし、仮にそれがあまりよくわからない会社と交渉するときには、コスト重視であればコストが優先順位１、品質が優先順位２となり、品質重視であれば、品質が優先順位１、コストが優先順位２という具合に、自らの優先順位をはっきりさせておくことが重要である。

そして、その上で相手と優先順位について話をする。協議事項についてどのような順序で交渉を行なうかを相手に提案する。協議事項の優先順位についての会話をもつことによって、相手の利害がみえてくる。例えば、「うちはコストが結構大事で、わが社の方針としてかなり徹底してやりたいと思っている」というようなことを話しておくと、相手は「そうですか、うちは会社の方針として品質重視でやっています」と応じてくれる。

要は、こちら側は協議事項を準備して、優先順位をつけているけれども、相手方が協議事項を用意していない場合には、相手側にメッセージを発信して、相手側が協議事項の抽出・整理をもっとていねいに行なうように仕向けるのである。

協議事項の交渉順序

さて、協議事項の抽出・整理と優先順位の決定については、自分と交渉相手がそれぞれ行なうのだが、次の段階では、協議事項をどの順序で話し合うのかを相手と話し合いながら、協同作業で決めるのである。

実は、優先順位をどう考えているかを相手側から引き出すことによって、交渉順序がみえてくる。例えば、話をしている内容でおおむね意見が一致するような部分は合意しやすいだろう。交渉中に状況把握をアップデートすることが重要であることを第3章で指摘したが、相手の話が自分の予想に反していることがわかり、大変なことになるかもしれない部分がみつかった場合には、交渉の優先順位を変えなければならない。

合意しやすいことから話し始めることが交渉の大原則である。合意困難なことから話を始めると、とかく議論の対立を生みやすく、デッドロックに陥る危険性が高まってしまう。交渉では、コミュニケーションを促進することが大切である。合意しやすいことから交渉し、相互理解を深めることが重要であり、合意しやすい協議事項を交渉することで、「問題を共有」するのである。

アジェンダ交渉のメリット

交渉で駆け引きから抜け出すのはなかなか大変なことである。しかし、交渉を始める前の段階で、相手が駆け引きをしにくい状況にもっていくことはできる。相手と協議事項について話し合うことによって、話しやすい部分がみえてくるからである。

ところで、アジェンダ交渉ばかりしていて、交渉の中身の議論が後回しでは、相手が怒り出して、合意できないのではないかという疑問をもつかもしれない。しかし、アジェンダ（協議事項）が十分に整理されていなければ、中身の議論が錯綜し、交渉が混乱する危険性が高まる。また、協議事項が整理されていないと、話がすぐに脱線するし、合意したつもりが合意できていないという失敗がよく起きる。

相手も自分もアジェンダを十分に整理できていないと、結局はバルコニーからみることができず、相手と一緒に大海に放り込まれたような状態になり、双方が必死になってもがきまわる状態になる。「急がば回れ」といわれるように、全体が俯瞰できる状態をまずつくることができれば、自分の利害の強いところと相手の利害が強いところが相違していることもわかり、いろいろなことがみえてくる。

交渉のはじめの段階で揉め事が起きてしまうと、建設的なコミュニケーションがとれなくなる。最初にいきなり「地雷」を踏んでしまうと、相手は露骨な不快感を示すようになり、交渉の先がみえなくなる。しかし、協議事項の順番を変えただけで順調に交渉が運び、コミュニケーションがとれていろいろなことが相互にわかり合えるようになる。

しかも、アジェンダ交渉をしていれば、相手に対して、「先ほどそちらがこの項目については こういうことが大事だとおっしゃって、わが社とは方針が違うって確認しましたよね、ここは慎重に考えて話したほうがいいですね」という具合に、地雷がここにあるということをお互いに確認しあいながら会話できる。そうすると、結果はまったく変わってくる。

アジェンダ交渉は本の目次のようなもの

仮に、2冊の著者は違うが同じテーマの大著を限られた時間のなかで2人で読み、そのテーマについて報告しなさいといわれたとする。何が書いてあるのかを手っ取り早く知るために、まず目次をみながら、それぞれの章の内容を大まかに確認するだろう。アジェンダ交渉は、分厚い本を前にして、その本の目次をみるようなものである。つまり、同じテーマを扱っている2種類の分厚い本を自分と相手がそれぞれもっている――そういうイメージでアジエンダ交渉を考えるとわかりやすい。

2冊の本は同じテーマを扱っていて、同じような目次だが、著者は違う。著者が違えば内容も違う。同じタイトルだが異なる2人の著者の本を前にして、自分と相手が交渉しながら1つのストーリーにまとめるためには、目次をみながら自分の本のチャプターを相手に提示して、内容についての情報交換を行なう。そうすることによって、実は存在していた違いが互いにみえてくる。いきなり内容レベルの話に入ってしまうと、「同じテーマなのにいっていることが違うじゃないか」と混乱してしまう。そうするのではなく、目次をみながら、全体の流れのなかで、それぞれの著者がいいたいことを確認していくほうが、全体のかじ取りがしやすくなる。

限られた時間での交渉でアジェンダ交渉は有効

アジェンダ交渉のメリットは他にもある。仮に協議事項の順番を決めて交渉していても、むずかしい状況に陥ることはよくある。アジェンダ交渉をしていれば、そのような状況のなかでも、「ここから先にこういう協議事項が待っていますね」とか、「これはかなりむずかしい問題で、御社はこれを強く主張しておられますけど、うちはこの後で出てくる項目を主張したいと思っています」とか、「お互いに考えて双方を満足させる方法はないでしょうか」というような前向きの会話がいくらでもできる。

また、アジェンダ交渉のプロセスで、例えば相手の話が脱線してしまったとき、相手に対して「話が脱線していませんか」とはなかなかいいにくい。しかし、事前にアジェンダ交渉をしていれば、「その話は、アジェンダ交渉でおっしゃっていた4番目の項目と関係しているんでしょうか」というような気の利いた質問ができる。それによって相手側も、脱線したことを悟るか、あるいは、いまの話と関係があるという理由を説明できる。

繰り返しになるが、交渉の全体を俯瞰するという作業を自分が行なうのはもちろんのこと、相手も同じ作業を行なって、お互いにそれを確認して、交渉のマネジメントを協同して行なっていく。そのためにもアジェンダ交渉は重要である。

特に、限られた時間のなかでの交渉では、アジェンダ交渉は有効である。アジェンダ交渉をすることによって時間が読めるようになるからである。「ここでデッドロックに陥るかもしれないので、うまく考えないと時間内にできないね」というようなことも含めて話し合えるので、アジェンダ交渉が本交渉を効率的に支えることになる。またアジェンダ交渉は、いわば本交渉のミニチュア版として考えることもできるというメリットもある。

第6章

交渉戦術とヒューリスティクス

1――交渉とヒューリスティクス

人間特有の心理的傾向

交渉では、ときに予想外の展開に悩まされたりすることがある。しかし、冷静に考えてみると、予想外の展開に直面してあわてる原因は、精神的な混乱や不安感による部分も多い。人はあわてると、人間特有の心理的傾向に基づいて誤った意思決定をするリスクが高まる。

イギリスの軍事評論家で戦略思想家のベイジル・リデル＝ハートは、『名将たちの指揮と戦略』（松村劭、PHP新書、18ページ）のなかで、次のように指摘している。

「人は戦いにおける判断の誤りを戦いの霧の所為《せい》にしがちである。しかし、戦いの霧は敵味方に関係なく発生するが、それによって惑うのは、混乱した思考と修練不足によるもので戦いの霧と峻別しなければならない」

人間の心理的傾向がもたらす特定の行動・認知パターンを「ヒューリスティクス」（心理

的経験則）と呼ぶ。「ヒューリスティクス」は、人間特有の心理的傾向で、心理学においては、人が複雑な問題解決等のために何らかの意思決定を行なう際、暗黙のうちに用いている簡便な解法や法則のことを指す言葉として使われている。

相手からの突然の値引き要求にあわてて、その要求額を基準にして「何とか話をまとめよう」とすることを「アンカリング」と呼ぶ。アンカリングは、交渉で最も引っかかりやすいヒューリスティクスの例であり、アンカリングを回避するためには、ミッションと目標を事前に設定する必要があることは、第3章で解説した。

サンクコストとBATNA

サンクコスト（埋没コスト）に過剰にこだわるのもヒューリスティクスである。例えば、膨大な投資をした事業をやめようと思っても、これまで投資した金額を考えてやめることができない人がいる。ギャンブルで損を取り返そうと勝つまで破滅的に財産をつぎ込む人もいる。いずれも、サンクコストへのこだわりが強すぎることに起因する。長期間話し合った事業提携交渉の場合、途中でうまくいかないと思っても、これまでの交渉に費やした労力を考えて、どうしても合意にもち込もうとするのも、サンクコストへのこだわりゆえである。

意思決定論や経済学の基本発想では、意思決定を行なう場合にはサンクコストを無視する。例えば、これまで土地取得などに膨大な投資をしてきたからという理由だけで採算の見込めない建設プロジェクトを強行してはいけない。しかし、実際にはうまくいかないことが多い。それは、人間には自分の過去の意思決定を正当化したいという欲求があるからである。

サンクコストにこだわる人間の心理的傾向を交渉にもち込まないためにはどうすべきか。最も有効な方法は、「BATNA」（交渉で合意が成立しない場合の最善の代替案）を用意することである。

例えば、交渉中に、「この相手と交渉しても最終的には目標を下回る」ことがわかった場合には、BATNAを選択して交渉を打ち切る。また、交渉における「損切り」のラインをあらかじめ設定しておくことも重要である。

自己を正当化したいという欲求

ジョン・S・ハモンドとラルフ・L・キーニーによれば、実は人間は、過去の意思決定だけではなく、あらゆる意思決定において自己を正当化する傾向がある（『意思決定アプローチ——「分析と決断」』ダイヤモンド社）。例えば、自分が間違っているとわかっていても、それを相手に指摘されたり批判されたりすると、自己防衛本能が働いて必死で自己正当化を試みる。

自分の交渉結果を批判されると、たとえそれが自分でもおかしいと思っている内容であっても、交渉結果を正当化しようとする。要するに、自分の意思決定の過ちを、「後づけ」の理由で正当化してしまう傾向が常にある。交渉結果の満足度を考えるときには、自己正当化の罠に陥っていないか冷静に考えてみる必要がある。

2――交渉戦術を考える

さまざまな交渉戦術

さて、交渉においては、しばしばヒューリスティクスを利用して、些細な言葉の使用から、より有利な結論にたどり着くための誘導尋問に至るまでさまざまな交渉戦術が用いられる。一方的に仕掛ける戦術もあれば、相手の回答に合わせて切り返す交渉戦術もある。

例えば、「放棄」(abdication) という戦術は、交渉が膠着《こうちゃく》状況に陥ったときに効果的な場合がある。あと一歩で合意できるという段階で、両者とも「相手があともう少し妥協すべきだ」と考えて譲らないとき、「どうすれば解決できるのか途方に暮れています。あなたが妥当な解決案に合意してくださるなら問題は解決するのですが……」といって交渉を放棄し、相手方の譲歩次第で公平な解決策が見出せることを暗に示すのである。

すでに第1章で紹介したように、意図的に突然怒り出したり、急に交渉打ち切りを示唆して相手を動揺させたりする「不意打ちテクニック」もある。真実でないことについて断言したり確信する立場をとったりする「ブラフ・テクニック」や、嘘にならない程度に事実を巧みに表現したり、都合の悪い情報を伏せて都合のよい情報だけを提示したりするというテクニックもある。ただし、「ブラフ・テクニック」を使って、一時的にうまくいったとしても、「嘘」がばれてしまえば信用を失ってしまう。

交渉当初から過度な申し出や要求をして「アンカリング」を狙う戦術については第3章で説明した。会社や機関など所属組織の決定を引き合いに出すことによって、譲歩できないという意思を示すテクニックを「コミットメント」戦術という。質問を無視して話題を変えるテクニックもよく使われる。相手の提案に対しては批判的な分析をして多くの問題点を指摘しながら、自分では一切提案をしないテクニックを「プレイイング・ダム」（playing dumb）戦術という。交渉対象について相手を圧倒するほどの専門知識や情報を提示して心理的に優位に立とうとするテクニックを「スノージョブ」（snow job/alleged expertise）戦術という。

なお、ここで紹介した以外にもさまざまな交渉テクニックがある。交渉のテクニックの詳細については、拙著『交渉の戦略』（ダイヤモンド社）の巻末にまとめているので参照していただきたい。また下記もご参照いただきたい（G. Nicholas Herman, Legal Counseling and Negotiating: A Practical Approach〈Lexis-Nexis 2001〉）。

交渉戦術の使い方

交渉戦術は、相手よりも有利に交渉を進めるためのテクニックである。ある状況下では有効なものかもしれないが、倫理的衝突を引き起こしたり、信頼を失ったりする交渉戦術も少なからずある。さまざまな交渉戦術を知っておいて損はないし、多くの交渉戦術があることを知って交渉の場に臨むべきである。

ただし、少なくとも自らの倫理観や正義・信条に反するような交渉戦術は用いるべきではない。交渉戦術は適切に用いられてはじめて、戦略的交渉を支える武器となる。

そして、相手が交渉戦術を使ってきた場合には、相手の戦術に引っかからないこと（防御）が重要である。こちらが交渉戦術に惑わされないことがわかれば、交渉相手も次第に戦術に頼った交渉を控えるようになる。

交渉戦術と交渉学

交渉の場で相手に対して交渉戦術を使う場合の注意事項は、交渉戦術は戦略のなかで使うことが重要だということである。「はじめに戦術ありき」では、とかく「木をみて森をみない」交渉となってしまう。交渉戦術ばかりに頼っていると、そのうち交渉相手から「目先の利益だけにこだわるタイプ」とみなされて、敬遠されるようになってしまうので、注意が必要である。

交渉戦術は「使う」ためではなく「対処する」ために知らなければならない。交渉相手が意図的に交渉戦術を用いたとき、それに適宜対処していくことは、交渉における大切なスキルである。その交渉が重要なものであればあるほど、さまざまな状況に応じて交渉戦術に対処することができるかどうかが交渉の成否にかかわってくる。

交渉学は交渉についての論理的な学問である。交渉学を学び、相手の交渉テクニックを的確に知ることができれば、どのような交渉テクニックを弄されても、それに適切に対処することができる。

以下では、「おねだり」(nibbling)「グッドコップ－バッドコップ」(good cop bad cop)「ドア・イン・ザ・フェイス」(door in the face)「フット・イン・ザ・ドア」(foot in the door)「タイムプレッシャー」という5つの代表的な交渉戦術の特徴と対処法を紹介しよう。

3――「おねだり戦術」と対処法

「おねだり戦術」とは

合意した直後の「ちょっとしたおねだり」に対して、とかく人は無防備になっている。「おねだり」(nibbling)とは、合意直後を狙って相手に追加条件を提示して、その条件を相手にのませてしまうテクニックである。

事例8　おねだり戦術

Oさん　ご契約ありがとうございます。

Sさん　ええ、今回は、本当に良い交渉になりました。ところで、そうそう、納品の際の

Oさん　梱包は、防水にしていただけますよね。
Sさん　はい、了解しました（防水か、うっかりしてたな）。
Oさん　それは助かります。ああ、それからできれば、3000ケースだけ、木更津じゃなくて、藤沢の配送センターに運んでいただきたいんですよ。
Sさん　（まあいいか、それくらい現場の担当者にやってもらおう）いいですよ。
Oさん　さすがOさん、話が早くて助かります。それとですね……。
（まだ、あるのか、困ったな……）

契約を守りたいというOさんの気持ちにつけ込んで、Sさんは、後から要求を追加していく。人の良いOさんは、「防水か、うっかりしてたな」と考えて、当然のように相手の条件を受け入れてしまう。さらに、合意した交渉ではすべてを木更津に運ぶことになっていたのに、その一部を藤沢に運ぶことになった。

防水にしても、一部を別の場所に運ぶことにしても、「追加費用」が発生する。したがって、Oさんがしたようにすんなりと受け入れていいものではない。

「おねだり戦術」の特徴と対処法

「おねだり戦術」は、「もう合意しているのだから、できるだけ合意を維持したい」という交渉相手の心理を利用したテクニックである。

例えば、相手の不意をつき、いかにも話のついでのように追加的な事項を提示する。また、「○○さんは本当に何でもよくご存じですよね」などといって相手を褒めた後におねだりする。さらには、「たいしたことではないのですが」といって、とるに足らない条件であることをさりげなく強調する。

合意した直後の些細な追加条件に対して、交渉相手は、「それには追加費用をいただきます」とはいい出しにくい。「おねだり戦術」は、その心理を巧みに利用する。

そこで、相手の「おねだり戦術」にはまらないようにするためには、合意直後であっても油断しないことである。交渉相手の前では、合意後も、「交渉中」と同じ緊張感で相手の発言に対応することが大切である。

基本的に、合意直後の追加条件は受け入れないという姿勢を前もって示すことが重要である。交渉での条件は、すべて交渉のなかで決めることを基本原則として、追加条件については再交渉することをあらかじめ伝えることである。契約時にははっきりと、「この先、もし何かお話が出たとしたら、すべて追加費用が発生します」と明言する。「おねだり戦術」が通用しないことがわかると、相手も追加交渉をあきらめることが多い。逆に、安易に追加交渉を受けてしまうと、徐々に大きな追加条件交渉を出してくることがあるので注意しなければならない。

4──「グッドコップ－バッドコップ戦術」と対処法

「グッドコップ－バッドコップ戦術」とは

「グッドコップ－バッドコップ（good cop bad cop）戦術」とは、2人1組になり、1人（バッドコップ＝悪い警官）が相手に敵対的な態度を示し、もう1人（グッドコップ＝良い警官）が同情的な態度を示すことで相手を揺さぶるテクニックである。2人の相手のうち1人がかなり強硬な態度で、もう1人が仲を取りもつような発言をするという交渉の構図である。

事例9 グッドコップ－バッドコップ戦術

交渉相手のX社から、A氏とB氏が２人でやってきた。Y社のCさんが具体的な提案をしたところ、突然A氏が怒り出した。

A氏　そんな提案受け入れられるわけないでしょ。まったく、論外だよ。不愉快だ！

Cさんは驚いて二の句が継げなくなってしまった。しばらくの沈黙の後、B氏が仲を取りもつように口を開いた。

B氏　まあまあ、そういわずに。そう悪くはないじゃないですか。ただ価格がね、ちょっと高いかもしれないね。ここは何とかなりませんかね？

A氏とB氏は事前に打ち合わせをしていて、これは「演技」である。しかし、相手から「こんな提案があるか！」といわれると、Cさんでなくても「え？」と驚いてしまうだろう。事前準備をきちんとしていれば問題はないが、十分な事前準備をしていないと委縮してしまう。そうするうちに、もう１人の相手が「グッドコップ」（良い警官）を装って救ってくれる。しかし、同時に、「確かに彼のいっていることには一理ある」というようないい方をするので、２人につられて「そうか、私の詰めが甘かったのか、確かに少し高いかな」と思ってしまう。

人は強く批判されると不安になる。相手が怒ると何か理由があるのではないかと考えてしまう。そのような人間の心理的経験則（ヒューリスティクス）を「グッドコップ－バッドコップ戦術」は見事に利用する。

「バッドコップ」（悪い警官）は相手の提案を徹底的に批判し、相手を不安に陥れる。私たちは険悪な雰囲気にあまり慣れていない。場が凍りつくようなことは避けたいと思っている。そういう状況の下で、「グッドコップ」（良い警官）が、同情的なコメントを出しつつ、助け舟を出すようなふりをして「もし、○○という条件にしてくれるとありがたい」と提示する。そこで相手は、渡りに船という気持ちで「グッドコップ」（良い警官）を「味方」と考えて彼の提案を真剣に検討することになる。

要するに、2人の目標は「価格を値切る」ことにあり、「バッドコップ」がアンカリングを行なっている。しかし、交渉相手のうち味方をしてくれた「グッドコップ」をなぜか自分の仲間だと勘違いして、まんまと相手の思う壺にはまってしまい、相手の提案を簡単に受け入れてしまうのである。

巧妙なバリエーションにも注意

この戦術には巧妙なバリエーションがあるので注意しなければならない。その１つが、自分が「グッドコップ」（良い警官）を演じて、その場にいない誰か（上司など）を「バッドコップ」（悪い警官）にして行なわれる「１人グッドコップ－バッドコップ戦術」である。

例えば、交渉相手が「私はよいと思うのですが、上司がどうしてもだめだといっているので再度値引きしていただけますか？」という。あるいは、「今回の件では、（いまここにはいない）上司が非常に怒っていまして……」という。このような発言が相手から出たら注意しなければならない。目の前にいない人が怒っているといわれても、その真偽がわからないからである。自分の口から「値引き」をもち出すのは気が引けるし、値引きする理由も説明できそうにない。しかし、上司のせいにして、「どうしましょう」といえば、見事な「１人グッドコップ－バッドコップ戦術」である。

また、「この合意内容について、当社の営業部からクレームが来まして……」といえば相手は驚いてしまう。目の前でのことであれば、相手がどの程度怒っているのかわかるし、相手の話の内容を聞いてクレームの理屈が通っていないこともわかる。しかし、その場にいない人の怒りやクレームは、どの程度のものかわからないので、相手に対しては絶大な効果がある。「このようなケースは先例がありませんので……」というのも同じようなテクニックなので要注意である。

「グッドコップ－バッドコップ戦術」への対処法

「グッドコップ－バッドコップ戦術」に対処するためには、バッドコップの不愉快な態度にあわてないことが大前提になる。また、自分たちの提案を安易に訂正しないことも重要になってくる。つまり、バッドコップやグッドコップの表面的な態度に振り回されず、クリエイティブ・ネゴシエーション（価値創造的交渉）のアプローチを貫くことである。

もう少し具体的にいえば、①バッドコップの批判をただちに受け入れないこと、②バッドコップに批判された自分たちの提案を、すぐに引っ込めたり修正したりしないこと、③グッドコップを味方であると安易に信じないことである。そして、④論理的に自分たちの提案の正当性を説明し、自分たちの提案が客観的基準からみて合理的であることを説明する姿勢を保つことである。

とにかく、最大の対処法は十分な事前準備である。自分が用意している提案の正当性を論理的に説明できる状態であるかどうかである。その用意ができていなければ、「グッドコップ－バッドコップ戦術」に対して抵抗するのはむずかしい。客観的基準を相手に示しながら、自分の主張が合理的であることを説明する。そのような冷静さを保つことによって、相手の戦術にはまることなく交渉を乗り切ることができる。

「グッドコップ－バッドコップ戦術」と交渉学

ところで、興味深いことに「グッドコップ－バッドコップ戦術」は交渉学的に理に適っている部分がある。交渉を成功に導くためには、相手と一緒に創造的に問題解決をすることが必要だが、その際に「グッドコップ－バッドコップ戦術」を使うことができるからである。

もう少し具体的に説明すると、例えば、自分の会社をうまく使うことである。まず、交渉の事前準備として、上司に「○○はこういうことですよね」と確認する。上司が「そうだ。それ以上は譲らない」といえばしめたもの。それを言質《げんち》にして、交渉で相手に「上司がどうしてもだめだといっている」という。上司をバッドコップにするのである。そして、「どうしようもないのですが、あなたと一緒にこれを解決したい」という。こうすることで、私たちの共通の敵は私の上司であり、「私はあなたのサイドに立って問題解決をしたいと思っている」という状況をつくり出すことができる。

ただし、1つ条件がある。それは、相手に対して嘘をつかないこと。交渉学を学んだ人であれば、「上司がだめだといっている」というふうに相手がいってきたときには、「上司の方がそんなに怒っているのなら、本当に申し訳ないので、ぜひ直接お会いして説明させていただきたい」というはずである。交渉の場にいない人を使った交渉戦術に対する唯一のカウンターは、直接会って説明したいということだからである。

ほとんどの交渉戦術は、単純なロジックを使っているので、相手が交渉学を勉強していると惨めな結果に終わる。「グッドコップ－バッドコップ戦術」も同じことで、中途半端な使い方をするとwin-winの交渉に導くことはできない。

5――「ドア・イン・ザ・フェイス戦術」と「フット・イン・ザ・ドア戦術」

「ドア・イン・ザ・フェイス戦術」とは

人間は、たとえ不当なものや法外なものでも、「断る」という行為それ自体に罪悪感をもつという心理的傾向がある。このヒューリスティクスを巧みに利用して、最初に相手が承諾しないであろう条件や要求を提示して相手に拒否させた後、最初の条件より譲歩した条件を提示して相手の合意を求めるのが「ドア・イン・ザ・フェイス」(door in the face)という

戦術である。slam the door in the face（「相手の鼻先でドアを閉める」＝門前払いする）から
できた心理学の用語で、ハードルの高い要求を最初に提示して、その後に要求のハードルを下げて合意させるテクニックである。

事例10　ドア・イン・ザ・フェイス戦術

弁護士　今回の契約不履行について、こちらの会社は、私に損害賠償として5000万円を請求してくれといってきているんですがね。

工場主　ちょ、ちょっと待ってください。確かに納期が遅れてその上、欠陥部品があったことはこちらのミスですけど、その損害賠償は、何とかなりませんか。

弁護士　社長さん、これまでの交渉のなかであなた方の事情もよくわかっていますから、私としては、もう少し、少ない金額で折り合いをつけたいと思います。そこで3000万円の損害賠償、それも最初の1000万円は今月中に、残りは、3カ月ごとに支払うというのでいかがでしょう。この条件では、会社は難色を示すと思いますが、とにかく何とかこの条件で納得してもらいます。

工場主　わかりました。それでお願いできますか？

弁護士はいきなり「5000万円の損害賠償」という予想外の提案をして、工場主を心理的に混乱させる。本当にのませたい要求に対する相手の冷静な判断力を奪うことが目的である。この戦術が見事に成功して、工場主は3000万円の損害賠償とその支払い条件をのんでしまった。

「ドア・イン・ザ・フェイス」という戦術は交渉の場でよく使われる。このような交渉戦術を受けた場合には、感情的に対応しないことが重要で、最初に提示された予想外の条件に惑わされず、相手の本当の要求を冷静に判断することが大切である。

「フット・イン・ザ・ドア戦術」とは

「ドア・イン・ザ・フェイス」とは逆の心理を利用した戦術として「フット・イン・ザ・ドア」(foot in the door) がある。「フット・イン・ザ・ドア戦術」とは、心理学の用語で、「承諾」を誘導する技術として知られている。最初に交渉相手がとるに足らないと思うような要求を意図的に提示する。小さい要求であれば、何となく受け入れてしまうものである。しかし、小さな同意を引き出した後、徐々に大きな要求へエスカレートさせる。相手は、要求が徐々に引き上げられて最後の段階ではじめて「しまった」と気づくことになる。

事例11　フット・イン・ザ・ドア戦術

業者　簡単ですから、無料で軒先の雨樋《あまどい》を直させてもらいます。
Bさん　ああ、それは助かります。
業者　あと、壁面のヒビが気になりますね。この程度なら、1～2万円で直すことができますが、いかがですか?
Bさん　じゃあ、お願いします
業者　それから、床下も念のために調べてみたほうがいいと思いますけど、無料ですからこの際ぜひ、調べさせてください。
Bさん　じゃあ、お願いします。
業者　どうも床下の湿気が多くて、柱のカビがひどいですね。このままだと地震などで倒壊する危険性がありますね。そこで湿気取りのための換気扇をつけてみてはどうかと思うんですが……。

最初は「無料で」といっていた業者は、要求を徐々に引き上げて、「湿気取りのための換気扇」を売るという要求を出してきた。しかし、小さな要求に「イエス」といって同意してしまった以上、Bさんは途中から断りにくくなってしまった。そして、最後の最後ではじめて「しまった」と気づくことになる。

「フット・イン・ザ・ドア戦術」への対処法

最初に「イエス」といってしまったために途中からは断りにくいという心理を巧みに利用した「フット・イン・ザ・ドア戦術」を用いた交渉を受けた場合には、相手の要求の大小にかかわらず、その内容に応じるべきか否かを冷静に判断する必要がある。つまり、相手のとるに足らない要求の背後に「フット・イン・ザ・ドア」があるのではないかと疑ってみる。

それでも、「フット・イン・ザ・ドア戦術」にはまってしまうかもしれない。戦術にはまってしまったことに途中で気がついた場合には、冷静になって、「以後の要求には詳しい人と相談して回答する」というなど、安易に応じないことを相手に宣言して、それまでに生じてしまった被害を最小限度にとどめることがポイントである。

6――「タイムプレッシャー戦術」の使い方と対処法

「タイムプレッシャー戦術」とは

何気ない会話のなかから相手のデッドラインを探り出して利用する交渉テクニックがある。

事例12　タイムプレッシャー戦術

Tさんはビジネス交渉のために日本からイスタンブールにやってきた。空港から直接現地の会社に行き、すぐに交渉が始まった。

H氏　遠路はるばるおいでいただいてありがとうございます。当地ははじめてですか？

T氏　ええ。空港からここまでは、想像していた以上に時間がかかってしまいました。

H氏　そうですか。お帰りの予定は？　私どもの車で空港までお送りします。

ここで「親切な人だな」と感心していてはいけない。このような雑談のなかに、相手にタイムプレッシャーを与えるための質問が潜んでいるからである。会話のなかのいくつかの質問から、相手のデッドラインを探り出し、その締め切り効果を利用した戦術を「タイムプレッシャー」と呼ぶ。

厳しい経費削減を実施している企業では、ビジネス目的の海外出張でもディスカウント・チケットを利用するかもしれない。この種の航空券はスケジュールの変更ができないケースが多い。その情報を安易に相手に流してしまうと、何時に交渉場所から移動しなければならないかというデッドラインが相手にわかってしまう。

仮に、今回の交渉で合意したいと考えていて、明日の最終便の飛行機で帰らなくてはならないことがわかってしまうと、相手はタイムプレッシャーというテクニックを使うかもしれない。

例えば、そのデッドラインを利用して、帰りの出発時間が近づいて相手が時間を気にし始めたところを見計らうように、本格的な条件交渉を始めたりする。また、ほぼ合意したと思っていた条件を、その時点で急に変更する場合もある。このような「タイムプレッシャー」を受けると、デッドラインが気になって冷静な判断ができず、合意したい気持ちが先行して、相手の条件を十分に検討せず、安易に合意してしまうことになりかねない。

「タイムプレッシャー戦術」への対処法

タイムプレッシャー戦術にはまらないためには、交渉相手に安易に気を許さないことである。著名人がインタビュー後の雑談でオフレコだと思って気を許し、つい口を滑らせてしまった内容を記事にされて、大きな問題に発展してしまうこともよくある。交渉相手との何気ない雑談であっても、それは交渉のうちだと考えて、自らを追い込んでしまうようなデッドラインについては、相手に明かさないように注意しなければならない。先ほどの例でいえば、滞在日の延長を予定しておき、相手には明かさないなどの手段を考えるべきであろう。

また、交渉のデッドラインを「目標」だと考えれば、「延長戦」というオプションを準備することに思い至るはずである。事前準備の重要性は指摘しすぎるということはない。さらに、デッドラインがくる前に、意識的に自分の目標を再確認することも重要である。交渉相手から条件提示を受けた場合でも、休憩して考えられる時間をつくっておくことも忘れてはならない。

第7章

組織内
コミュニケーションと
交渉学

1――組織内のコミュニケーション

チーム交渉と交渉学

さて、これまでは基本的に1対1の交渉を考えてきたが、一般的にはビジネス交渉は、1人ではなくチーム単位で行なうことが多い。大きな案件になればなおさらである。したがって、チーム交渉をマネジメントすることが、きわめて重要になる。チーム交渉におけるポイントは、同じチームだということに甘えないことである。また、チーム内でも利害の対立があると考えるべきである。

実は、チーム交渉においては、社内調整のほうがむずかしいこともある。例えば、営業担当者と技術者、法務担当者などさまざまな部署の混成チームで交渉に臨むこともある。とかく社内においては、法務・技術・営業・企画などそれぞれの部署の立場があり、チーム内部での対立が激しいこともある。技術者は技術優位性とビジネスが必ずしも一致しないことが理解できず、営業担当者は技術や法務のことがよくわからずに対立することが多い。「同じ社内だから」という甘えは、チーム交渉では許されない。

社内での会議も「交渉」である。したがって、部署間の利害の対立を超えて、ミッションを共有し、選択肢を生み出そうという発想に転換しなくてはならない。重要なことは、チーム内でも「交渉学」を活かすこと。二分法からの脱却、クリエイティブ・ネゴシエーション、クールダウンが必要なのである。

「満場一致」と「和の精神」

20世紀アメリカのジャーナリスト、コラムニスト、政治評論家として有名なウォルター・リップマンは、「全員の考えが同じであるなら、誰もちゃんと考えていないのである」という名言を残している。「満場一致」には意味がないということである。

カトリック教会で会議を開くときの重要なルールがあるといわれている。それは、最初から満場一致の意見は採択しないということ。もちろん議論をした上で採決してそれを満場一致で採択したのであれば問題はない。しかし、誰かが違う意見を出さなければそもそも「議論」にはならない。つまり、議論をするためには、最初から満場一致ではないことが必要なのである。

日本社会が抱えている最も大きな問題の1つは、議論もせずに「和の精神」をもって同調してしまうことである。専門家がいっているからとか、会社では上司や経営陣がいっているからということで、多数意見に同調してしまう。自分で深く考えることなく、まさに思考停止の状態に陥ってしまう。そして、後で何か問題が発生したときには文句をいう。これでは創造的な問題解決の議論はできそうにない。

また、日本には「空気」を読む文化がある。話を乱さないように牽制し合う強い同調圧力が働いて安易な結論を強制したり、自己検閲して自分の意見を封印したりする傾向がある。見せかけの調整リーダーがいて、みんなの意見をまんべんなく取り入れて顔を立てて、表面的見解一致を偽装する。早く解決したいという意識が働いて、表面的な一致に満足したり、偏見や常識に盲従したりする傾向もある。

さらには、自分の知識・経験に対する自信過剰やラベリング（専門家・エリートの権威づけ）への無条件の信頼という無謬性の幻想もある。このような現象を「集団的浅慮」と呼ぶ。外部の認識の歪みや道徳性の幻想（麻痺）からカルト化することも、極端な「集団的浅慮」といえる。

普通の会議と創造的会議

ゲームクリエイターで立命館大学映像学部教授の米光一成氏は、『仕事を100倍楽しくするプロジェクト攻略本』（KKベストセラーズ）のなかで、日本の会社などにおける普通の会議や「見せかけのコンセンサス」を得るための会議と、クリエイティブな会議の違いを興味深く解説している。

まず、普通の会議では、中央に「偉い人」が座り、その横に「次に偉い人」「その次に偉い人」「偉くなりたい人」「よくわからんが呼ばれた人」「とりあえずいる人」「女性の意見担当」「メモ人間」が順に座って会議が行なわれる。まさに日本の組織の会議はこのような場になっている。果たして、このような会議で、協働作業による意思決定ができるだろうか。

また、「見せかけのコンセンサス」を得るための会議では、「コントロールしたい人」「自分の優秀さを証明したい人」「飽きている人」「とにかくしゃべりたい人」「若者の意見担当」「女性の意見担当」「主導権を握れなかった人」「ひたすらメモをとる人」が、それぞれの思いを抱えて出席している。このような会議で、創造的な問題解決ができるはずはないことは容易にわかる。

米光氏によれば、会議の仕組みをもっと単純化して、誰かが発言を促して、みんなが自由に発言し、あるいは建設的な批判をするというルールをつくることによって「創造的会議」

が可能になる。米光氏はまた、「おみやげ」と「カードで遊ぶ」という要素を入れ込んだブレイン・ストーミング（「ブレスト」）を「アクティブ・ブレイン・ストーミング」と呼び、マインドマップ的な感覚での創造的会議を提唱している。「アクティブ・ブレイン・ストーミング」のルールは、アイデアを1人5つもってくるとか、アイデアをカードや紙に書くが名前は書かない、シャッフルする、カードを追加するというようなものである。

創造的な問題解決のための3つの方法

では、創造的な問題解決のための議論を展開する会議にするにはどうしたらいいのか。逆説的になるが、どのような行為や考え方が創造的な会議を台無しにするのかを考えれば、その答えがみえてくる。

創造的な問題解決のための議論を成立させないためには、第一に「二分法の罠」を使うこと。「二分法」とは、すでに何度も説明しているように、「賛成・反対」「善・悪」「正・誤」のように物事を2つに1つで考えることである。

例えば、「諸悪の根源はユダヤ人にある」といって「アーリア人」とユダヤ人の対立構造をつくったナチス・ドイツのヒットラーは「二分法の罠」を駆使して、権力の座にのぼりつめたといわれている。また、「あなたは、私の味方か、敵か？」と迫ると、人々は２つのうちのどちらかを選択しなければならないと錯覚して二分法の罠に落ちてしまう。「郵政民営化、イエスかノーか」と迫って、衆議院選挙で大勝した小泉内閣は、見事な「二分法の罠」を仕掛けたといえる。

創造的な問題解決のための議論を成立させないための第二の方法は、「パワープレイを仕掛ける」こと。社会的役割、所有物、専門知識や技術、個人的魅力（カリスマ）などのパワープレイ（上下関係）を使って自分と相手の力関係を測定すれば、創造的な問題解決のための議論はできなくなる。

実は、常識や知識によるパワープレイもある。例えば、１８９５年にイギリス科学アカデミー会長は、「空を飛ぶ機械は技術的に不可能である」といい、多くの人は科学的権威のいうことを信じた。しかし、その８年後にはライト兄弟が飛行機をつくっている。また、１８９９年に米特許庁長官のチャールズ・デュエルが、「およそ発明できるものは、すべて発明されてしまった」といったといわれているが、その後も発明が続いていることはいうまでもない。結局、然るべき立場にある人たちの発言に対しては、何となく周囲も「そうか」と思ってしまいがちになり、創造的な問題解決のための議論ができず、科学の発展も止まってしまう。

第三の方法は、「逃げる・切れる・すねる」という手法である。後述する「価値理解」と「つながり」を理解した上での「自己主張」とは正反対の行動を使うことである。「私はOKではない」という態度をとり、相手の譲歩を求める「無力型」、相手に対して「あなたはOKではない」という態度をとり、要求と攻撃を繰り返す「攻撃型」、相手に対して「あなたはOKではない。私に対する評価はご自由に」という態度をとり、詐欺的な交渉手法をとる「陰湿型」などがある。

当然ではあるが、クリエイティブな議論を展開するためには、以上3つの手法は使ってはいけないということである。

2――集団極性化の危険

集団極性化とは

組織内での会議参加者全員が注意すべきことは、安易にまとめないことと、結論を急がないことである。なぜかといえば、同じ意見の人間が議論すると、議論が極端な結論に至る傾向があるからである。それを「集団極性化」と呼ぶ。

例えば、リスク回避思考の人間同士が議論すると結論はより慎重になり、リスク志向型の人間同士が議論すると結論はよりハイリスクになる。比較的中立的な人間が集まっている場合でも、そのなかの多数派の意見に支配され、中立的な結論からはかけ離れていく傾向が強いといわれている。

では、なぜ集団極性化は発生するのか。1つには同質的集団の場合、自分たちの意見に都合の悪い反論や証拠を全員で無視し、都合のいい証拠を全員が評価するため、自分たちの意見がすぐれていると勘違いするからである。また、集団の和を乱したくないので、議論がある方向に流れると、その流れに身を任せてしまうからである。

効果的な会議の技法

また、会議では少数意見はとかく嫌われがちである。なぜなら、少数意見には多数意見への反論や批判が含まれている場合が多く、反論された人や批判された人は不愉快になるからである。また、少数意見を聞いている時間を「無駄」だと感じてしまうことも少なくない。

それは、「早く行動したい」とか「早く結論を出したい」という意識からくる感情である。

さらには、少数意見は触れられたくないところを指摘してくることが多く、自分にとって不安や不快な感情をもたらす内容が含まれている場合があるからである。

このようにして日本では、会議や交渉における議論の重要性が軽視され、少数意見が無視されて、コンセンサスを重視する傾向があった。しかし、少数意見を無視すると、集団極性化に陥ることになる。

組織内にある多くの利害対立を調整し、建設的な議論の技法を身につける必要がある。価値創造的な議論、あるいは、効果的な合議の技法として重要となるのは次の３つの視点である。

第一は、拡散を恐れないこと。安易に意見をまとめることなく、全員が自由に意見をいえる環境が重要である。

第二は、問題（イシュー　issue）に焦点を合わせること。拡散を恐れないと同時に、効果的に議論をするためには、イシューが何かということを常に意識して、議論を進めなければならない。

第三は、ミッション（mission）を形成すること。小手先の解決策ではなく、ミッションを実現するための解決策を模索することである。

ポジティブ・フレーミングとプリンシプル・オブ・チャリティ

組織内で効果的な合議を行なうためには、ポジティブ・フレーミング（positive framing）という手法が重要である。「フレーミング」とは、問題への焦点の当て方のことで、議論を発展させるためには問題への焦点の当て方をポジティブに行なわなければならない。

例えば、「彼の論文は、独創的だが、論証に難がある」という場合と、「彼の論文は、論証に難があるが、独創的だ」という場合とでは、同じことをいっているのにもかかわらず、後の文章のほうが聞いていて心地よい。「独創的だ」といった後で「論証に難がある」といって否定してしまうと、「難がある」という言葉が耳に残って、その後の会話がしづらくなる。それとは逆に、「論証に難があるが、独創的だ」というと、そこから話を先に進めることができる。

まさに文脈効果というレトリックで、ポジティブにいうかどうかで、その後の議論が発展するか否かが決まる。ポジティブ・フレーミングは、議論を喚起するために必要な手法である。

さらに、「プリンシプル・オブ・チャリティ」（principle of charity）という手法も頭に入れておくとよい。「チャリティ」とは「思いやり」のことであり、議論の際には「思いやりの精神」を発揮すべきだということである。

相手の論理がおかしいと思っても、すぐに批判はしないことを「合理性の仮定」という。また、相手の意見・論理は、本当は合理的なのだが、説明が欠落しているのではないかと思い、合理的に補強してみる努力をすることを「合理性の補充」という。とりわけ重要なポイントは「合理性の補充」で、相手の意見がおかしいと感じても、「おかしい」といい始めるのではなく、ポジティブに受け止めて、議論を前へ進める。これは、シャピロ先生のいう「価値理解」と似た概念である。

3――デビルズ・アドボケイト（「悪魔の代理人」）

価値創造的な会議の2つの形態

さて、組織内でチーム交渉のためのクリエイティブな会議を行なうためには、反論や少数意見を大切にするアプローチを採用しなければならない。そのための手法としては、「ブレイン・ストーミング型」と「デビルズ・アドボケイト（devil's advocate）型」という2つの形態がある。

「ブレイン・ストーミング型」とは、価値理解に重点を置いた会議手法で、基本ルールは、アイデアを歓迎し、アイデアを批判しないこと、そして、拡散を奨励し、安易な統合（収束）をしないことである。会議の進行役であるファシリテーター（facilitator）は、参加者全員が発言するように努め、発言内容を反復・要約し、確認したり、議論の逸脱が全体のパフォーマンス低下になるときだけ修正したりするなどの役割を担う。

「デビルズ・アドボケイト型」は、解決の精緻化に重点を置いた会議手法で、建設的対立を促進し、議論の統合を図るものである。通常、２つ程度の解決策検討チームをつくり、それぞれの解決策についてデビルズ・アドボケイトが問題点と課題を提示し、各チームはそれに反論し、全員がその解決策を議論するというかたちをとる。デビルズ・アドボケイトの役割は、「人」を批判するのではなく解決策を批判することと、提示された解決策を十分に理解することである。

デビルズ・アドボケイト

そもそも「デビルズ・アドボケイト」とは、カトリック教会で聖人を選ぶ際に、その人物の欠点や問題点を指摘する列聖調査審問検事のことで、同質的な意見を意図的に避けるために用いられてきた。「デビルズ・アドボケイト」は、議論を喚起するために有効な手段であり、相手に「デビルズ・アドボケイト」であることを告げることで、相手は批判を建設的なものとして受け取ることができるメリットがある。

「デビルズ・アドボケイト」型の会議は、次のように行なわれる。

まず、議論すべきテーマについて2つのチームに分かれて考える。具体的には、解決策を検討するチームを2つつくり、各チームは異なる解決案を提示する。これは、第8章で後述するように、アメリカのケネディ大統領がキューバ危機のときに採用したやり方である。

次に、「デビルズ・アドボケイト」がそれぞれの解決策を、相手を全否定するような批判ではなく、ポジティブ・フレーミングで批判する。批判された各チームは、自分の解決策の合理性や妥当性を守るために反論する。

相手の解決策を批判し、それに対して反論することが「デビルズ・アドボケイト」のルールなので、批判する側も批判を受けて反論する側も、感情的にならずにそれぞれの役割を演じることができる。逆にいえば、そのようなルールがない限り、本当の意味での批判はできない。「デビルズ・アドボケイト」型の議論のポイントは、解決策を十分に理解し、人を批判せずに解決策を攻撃し、批判し続けること、そして、結論を急がず、安易にまとめないことである。

デビルズ・アドボケイトのためのマニュアル

アリストテレスは『弁論術』のなかで、「自分の身を守ることができないというのでも、身体を使ってこれができないのは恥ずべきことであるのに、言論を用いてできないのは恥ずべきではないとしたら、これはおかしなことである」「何しろ、言論を用いていることこそ、身体を使用すること以上に人間に特有なことなのだから」と指摘している。

私たちは言論を用いてやるべきことがあるにもかかわらず、何となくうやむやにして対応している。そこで、会議での議論をうやむやにしないために、「デビルズ・アドボケイトのための詳細マニュアル」を紹介しよう。

第一に、2つの確認質問をすること。1つは、定義を尋ねること。相手の使用する用語について、その意味を尋ねるのは大事な手法で、特に専門用語やわかりにくい言い回しについては必ず質問すべきである。それが外国語の場合は特に重要である。もう1つは、3つの根拠があるかどうかを確認すること。根拠が2つしかない主張は論証不足であると指摘してよいし、根拠を支える証拠（evidence）が少なければ、立証不十分であると反論してよい。

第二はたとえ話には必ず論理の飛躍があると考えること。相手がたとえ話を出してきたら要注意で、たとえ話と元の話の相違点をみつけなければならない。アナロジー（類推）の罠にも注意が必要である。例えば、「Aという事象はBという事象に似ている。Bは、Cになる。したがって、AもCになる確率が高い」という議論である。「確率が高い」といわずに、「AもCになる」といい切ってしまう人もいるが、この種の議論は飛躍が多いので、「似ている」理由を聞き出さなければならない。

第三は、相手の議論の隠された前提を探すこと。相手の議論には必ず隠された前提（隠された先入観や常識）がある。この前提条件が自明のものではないことを明らかにするだけで、有力な反論になる。その人の権威や通説（常識）も隠された前提の1つである。

第四は、相手の論証形式を分析し特定すること。「AならばBである。Aであるから、ゆえにBである」「AであるならばBである。Bでない。ゆえにAでない」「Aでないと仮定したところ矛盾が生じた。ゆえにAである」（背理法）などの妥当な論証法に則って論証しているかどうか、類推で終わっていないかを分析することである。

第五は、弱い論証をみつけること。事実から法則性を導き出す帰納法は、どれだけの事実が用意されているかに依拠し、1つでも違う事実が出てくれれば論証が崩れ去ってしまう弱さがある。また、仮説演繹法では「αという仮説を立てると、Cが成立することになる。事実はCだった。ゆえに仮説αは正しい」といわれるが、Cの成立だけで仮説αが成り立つのかどうかを考えると、仮説演繹法は必ずしも有力ではない。さらに、「もしβという仮説を立てると、現在のDという状況が説明できる。他にDという状況を説明できる仮説はない。ゆえにおそらくβは正しい」という論証法を「アブダクション」というが、他に仮説がないからおそらくいいだろうというのは、必ずしも正しい論証ではない。

要するに、「デビルズ・アドボケイト」にとって重要なことは、ロジカルに考えているかという原点に返ることと、少数意見を大切にするというプロセスを行なうことである。

4――チーム交渉と交渉学

交渉チームの基本的な考え方

さて、組織内コミュニケーションが終わるといよいよチームを組んでの交渉に移ることになる。チーム交渉においては、次の4つのポイントをつかんでおくことが重要になってくる。

第一は、全員の利害を「聞く」ことである。全員に利害や交渉に対する意見を表明する機会を平等に与え、「聞いてもらえない」という不満は残さない。そのためには、参加者全員の意見を聞く機会をもつことが必要になる。意見を聞くプロセスをもつことは、チーム交渉成功の秘訣である。

また、自分の部署の利益代表的発言ばかりする人間を否定しないことである。所属部署の利益代表的発言に理解を示してあげるということであり、「あなたの部署の利益を反映しつつ、全員の利益を反映した交渉戦略を考えてみましょう」と、もちかけるのである。

第二は、チームリーダーを決めること。交渉を管理するリーダーを明確に決める必要がある。例えば、原則立脚で交渉していたのに、突然、あるメンバーが相手に駆け引きを仕掛けて、強引な要求をすることがある。また、メンバーが、突然、感情的に相手を非難することもあるかもしれない。これを放置すれば、交渉が暗礁に乗り上げてしまうだろう。

そのようなときに、チームリーダーが発言を制止する。つまり、メンバーの暴走を止めるのがリーダーの重要な使命である。しかし、いきなり制止すると、制止されたメンバーと内輪もめになる危険がある。したがって、事前にメンバーに「あなたの発言を制止することがある」と伝えておくことも必要である。

第三は、チームのメンバーに役割を与えて、交渉に積極的にコミットさせること。交渉においては、チームリーダー、意思決定者、ネゴシエーター、オブザーバー、アジェンダキーパー、議事録作成者という6つの主要な役割があるので、社内の部署ごとの役割とは別に、交渉での役割を与えるのである。

第四は、交渉戦略を共有すること。通常、メンバーの日程調整はむずかしいものであり、例えば、交渉開始の30分前にはじめて全員が顔を合わせるというようなことも珍しくない。そこで、①交渉のミッション、②目標（最高と最低）、③ＢＡＴＮＡの3つについては必ず共有しておきたい。

チーム交渉マネジメントのポイント

さて、交渉チームとしての準備を終えて、実際の交渉の場に臨むことになるが、その際に重要なことは3つある。

第一に、交渉相手をよく観察して、誰が意思決定者かをみつけること。日本の会社は名刺の肩書をみれば、誰が意思決定者なのか推測できるが、外資系企業では組織がフラットで、交渉相手全員がマネージャーという肩書だったりするので、誰が意思決定者なのかわからない。

交渉相手チームには、ネゴシエーターと意思決定者がいるはずで、よく話す人が重要人物とは限らない。むしろ、じっと控えている人が意思決定者だったりすることがよくある。ちなみに、交渉相手チームのなかで、他のメンバーがある1人を特に意識しているようにみえたら、その人が意思決定者である可能性が高い。

第二は、交渉相手の「温度差」をみること。自分のチームが一枚岩でないのと同様に、相手チーム内でも必ずしも同じ考え方ではない可能性は高い。交渉チーム内部の力関係や交渉への取り組み方を、例えば営業部長と営業係長は商談を推進しようとしているが、どうやら製品開発部長は商談に消極的であり、法務部の担当者は中立的だというふうに、しっかりと観察する。そして、交渉が終わった後、チームのメンバーで意見交換をすることで、いろいろなことがわかってくる。このように、交渉相手を知ろうという努力をすることが重要である。

第三は、相手チームのなかで発言しない人に質問をしてみたり、発言を求めたりすること。交渉中に、発言したいのに発言できない人もいるかもしれない。例えば、「この話題について技術部の○○さんはどう思われますか?」とか、「若い方の意見も聞いてみたいですね。

この商品についてどう思いますか?」という具合に意見を聞き出すのである。ただし、相手を名指しして意見を聞くときには、あまりセンシティブな話題でないほうがいい。相手チームの別の人が、その人の発言を制止してしまう恐れがあるからである。

要するに、チーム交渉をマネジメントするためには、まず社内チームをきちんとマネジメントして、次に相手をよく観察して微妙な表情などを見逃さないことである。その意味では、チーム交渉は一種のゲーム感覚で行なうべきなのかもしれない。

ゲームなどというと、何と不真面目な、と思われるかもしれないが、ここで紹介したようなチームマネジメントを行なって交渉に臨んでいる欧米企業は多い。交渉とは、相手をしっかりと見極めて利益をみつけ出すゲームである。そのためにできることをすべて行なうことが、すぐれた交渉者(エクセレント・ネゴシエーター)への重要なステップである。

第8章

コンフリクト・マネジメント

1――交渉とコンフリクト

交渉に対する認識の相違

すでに何度も指摘しているように、1対1の交渉であれ、チーム交渉であれ、基本的には交渉は win-win の創造的問題解決を目指して行なわれる。しかし、すべての交渉で win-win の結果が得られるとは限らない。また、交渉では必ずといっていいほど、トラブルや対立が起きる。交渉中に起きるトラブルや対立を「コンフリクト」という。

コンフリクトは誰にとってもわずらわしいことであり、一刻も早くコンフリクトを解消したいと思うのは当然のことである。特に日本では、「コンフリクト」＝対立であり、「和を乱す」ことであって、ほんの少しでも波風を立てるようなことを嫌う人は多い。

もちろん、日本人同士での交渉であれば、コンフリクトを避けて、多少の譲歩をし合うことによって問題解決を図ることができるかもしれない。しかし、国際ビジネスや国際政治の世界では、そのような幻想は捨てなければならない。世界には、交渉でのコンフリクトを気にしない人も、少なからずいるからである。

例えば、ステファン・P・ロビンス『組織行動のマネジメント』（ダイヤモンド社、281ページ）によれば、フランス人は、他人と異なる意見（オリジナリティ）を重視し、反論を当然と考える。また、他人にどう思われるかをあまり気にしない。

とりわけビジネス交渉では、相手は理不尽な要求を突きつけてくるかもしれないし、失礼な態度でこちらを不快にさせることを意に介さないかもしれない。また、特許権の侵害やビジネス紛争などでは、コンフリクトを回避するだけではどうにもならない。

コンフリクトに対する対処法は人や国によってそれぞれである。1つには、民族性や宗教など文化的背景によるものであり、組織文化の相違も重要である。企業文化の相違が交渉に与える影響が大きいことも忘れてはならない。

コンフリクトに対する一般的な対処パターン

では、コンフリクトにどのように対処すべきだろうか。コンフリクトに直面した人間は、一般的には、①競争、②回避、③譲歩、④分配、⑤協調（問題共有）という5つの対処パターンのいずれかをとることが多いといわれている。

「競争」とは、相手を支配し勝利することで解決しようとすること。例えば、相手に一方的に譲歩を迫ったり、さまざまなテクニックを使って相手を翻弄したりする。

「回避」とは、コンフリクトから撤退して、相手と距離を置くことである。例えば、対立がみえた時点で、相手との交渉を打ち切るというようなことである。

「譲歩」とは、相手の利益を優先させ、問題解決を図ろうとするもので、例えば、夫婦喧嘩でパートナーに合わせるようなことである。

「分配」とは、双方が問題の対象を「分配」して解決しようとすることで、例えば、双方の金額の提示の間を取って合意額とするとか、条件をバーターで取引して双方痛み分けの結論とするということである。

とかく日本人は対立を避けようとして、「回避」「譲歩」「分配」などの対処パターンをとりがちになるといわれている。また、「競争」「回避」「譲歩」「分配」は、必ずしも望ましいコンフリクト対処法とはいえない。

「協調（問題共有）」とは、コンフリクトを双方の利害の表明としてとらえ、そこから新しい解決策を探ろうとするアプローチである。いわば、交渉学のアプローチであり、コンフリクトに対する最も望ましい対処法である。

人間の核心的欲求とコンフリクト

ところで、ハーバード大学のダニエル・シャピロ先生によれば、人間は、価値理解（appreciation）、つながり（affiliation）、自律性（autonomy）、ステータス（status）、役割（role）という5つの核心的欲求をもっている。核心的欲求は人間の基本的欲求であり、交渉の場においては、それが少し満たされないようなことが起きると、コンフリクトの芽が生じ、次第に大きくなっていく。

例えば、自分の考え方や行動に価値がないとされた場合、「価値理解」が無視されていると感じる。また、敵として扱われたり、距離を置かれたりした場合、「つながり」が無視されていると感じ、意思決定をする自由が侵害されている場合には、「自律性」が無視されていると感じる。さらに、自分の置かれた位置が他者の置かれた位置よりも劣っているような扱いを受けると、「ステータス」が無視されていると思い、自分の現在の役割とその活動内容が個人的に満足できるものではない場合には、「役割」が無視されていると感じる。

つまり、コンフリクトの原因は、人間の核心的欲求への配慮の欠如から生まれる。このように考えると、コンフリクトに直面したときに安易な解決法を選択してしまうことがいかに危険かわかるだろう。

2——コンフリクト・マネジメントの基礎理論

コンフリクトから逃げない

コンフリクト・マネジメントを必要とするような交渉では、少なくとも「回避」して相手との距離を置くとか、とにかく「譲歩」してその場しのぎをするというような対処は行なってはいけない。重要なのは、コンフリクトから逃げないこと。グローバル社会においては、コンフリクトに負けないことが重要であり、コンフリクトに対する耐性をつけていくことが必須である。

コンフリクトに慣れるためには、第一に、対立が発生してもあせらないこと。そもそも、コンフリクトが表面化するまでには、多くの問題が積み重なっている。つまり、表面化したコンフリクトは氷山の一角にすぎない。したがって、目の前にあるコンフリクトから逃げても何ら問題解決にはならないことを頭に入れておかなければならない。

第二は、コンフリクトを避けるためだけの譲歩や取引には応じないようにすること。そして、コンフリクトの原因を探るように心掛けることである。

第三は、交渉を早く終わらせようとしないこと。具体的には、対立という状況から立ち去ろうとしないことである。コンフリクトの解消には時間が必要であり、時間をかけることが重要だからである。

コンフリクト・マネジメントの４要素

交渉におけるトラブルや対立をいとわないというのであれば、相手の核心的欲求に配慮することなく交渉を継続すればいい。コンフリクトはさらに増大し、どちらかが疲弊するか、双方共倒れするという結末に終わるであろう。そして、別の交渉においても、コンフリクトは繰り返されることになる。

コンフリクトから解放されたいのであれば、コンフリクトを解決するためのマネジメントが必要になる。一般的には、「コンフリクト・マネジメント」のポイントは次の４つである。

第一は、ポジティブ・フレーミングを使うこと。深刻なコンフリクトに陥った場合でも、双方がほんの少し歩み寄っただけで、交渉はかなり進展するはずである。

第二は、解決を急がないこと。解決をあせると結果的に解決を長引かせることになってしまうからである。

第三は、相手に期待しないこと。交渉相手に対する過度な期待が、かえって交渉を悪化させることになる。

第四は、裏口のドアを開けておくこと。いかに深刻な対立状況でも、和解への道を残すことである。

以下、順を追ってもう少し詳しくみていこう。

ポジティブ・フレーミングを使う

よくいわれるように、たとえどのような深刻なコンフリクトに陥ったとしても、解決への好機は必ずある。したがって、合意へのチャンスを逃してはいけない。合意へのチャンスを逃さないためには、フレーミングの技法を使って、交渉相手との間で問題解決の気運を高める必要がある。第7章でも紹介したが、「フレーミング」とは、物事の視点や見方を規定している枠組みのことである。現在行なっている交渉が解決に向けて前進しているという意味づけを、交渉のあらゆる場面で行なっていくことを「ポジティブ・フレーミング」という。

例えば、交渉が決裂したら訴訟になりそうな場面で、何とか交渉を継続しようということになったとする。皮肉な見方をすれば、単に問題が先送りになったにすぎないかもしれないが、ほんのわずかではあるものの交渉が進展したことは確かである。そこで、「次回の交渉日程が決まり、交渉の進展の可能性がみえてきましたね」などといって、交渉が少しずつ進展していることを強調する。また、協議事項が暗礁に乗り上げてしまったのはお互いの誤解によるものだということがわかったとすれば、「今回の交渉で、この点が明確になりましたね」という具合に、肯定的に評価する。

感情をもった人間同士が行なうので、交渉はどうしても感情や雰囲気に左右される。逆にいえば、交渉のなかでのちょっとした発言やニュアンスで状況が打開されることになる。したがって、コンフリクトのときほど肯定的なフレーミングを心掛けるべきである。その結果、交渉参加者のコンフリクトのとらえ方や認知に影響を与える。

要するに、コンフリクトにおいて大切なことは、対立のなかでも埋もれている解決の道筋をみつけ出すことである。そして、双方がそれに気がついて、お互いに納得していくためのプロセスをつくり出す。ポジティブ・フレーミングはそのための重要な要素である。

解決を急がない

さて、日本人は、「コンフリクト＝対立・決裂」という根強いイメージをもっている。つまり、日本人のコンフリクトに対する認識は、コンフリクトは対立そして交渉の決裂を生み出すというものである。コンフリクトとは、「和を乱す」ことであり、そのような人間に対して冷たい対応をする。また、意見の対立と反論を個人攻撃ととらえる傾向があるので、コンフリクトという不快な状態から一刻も早く脱却しようとする。

その結果、対立がみえた時点で相手との交渉を打ち切って相手と距離を置いたり（「回避」）、相手の利益を優先させ、問題解決を図る、つまり、相手に話を合わせようとしたり、対立を避けるための譲歩をしたりする。

しかし、すでに説明したように、コンフリクトが発生してもあせってはならない。そもそも表面化したコンフリクトは氷山の一角にすぎないのであり、そのコンフリクトだけに一時的に対処しても根本的な解決にはならない。

コンフリクトに直面して、「とにかく一刻も早く解決したい」と思うのは、いわば交渉の素人である。単にあせっているだけなのに、表面上の問題処理やその場での思いつきのアイデアが最終的な解決策にみえてしまう。このような安易な解決策に飛びついてしまうと、結局のところトラブルや対立を悪化させてしまうことになる。利害の一部だけに着目して無理に合意を形成するような安易な和解や調停は、いわば氷山への無謀な挑戦である。氷山に衝突して沈没するというのがその結末である。

事前準備で状況を把握することの重要性については何度も指摘したが、周到な事前準備があればコンフリクトに直面する確率は必ず小さくなる。たとえコンフリクトに直面してもあわてずに対処できるようになる。そして、コンフリクトに直面しても解決を急いではいけない。まずは、氷山のたとえを思い出し、水面下でうごめいているさまざまな利害や問題をえぐり出そうとすべきである。

相手に期待しない

実は、コンフリクトをエスカレートさせる原因は、交渉相手ではなく、自分自身がもっている交渉相手に対する暗黙の期待にあることが多い。

とかく「交渉相手にはそれほど期待していない」という人でも、交渉相手に対する期待は意外に大きいものである。例えば、こちらはきちんと対応しているのに相手の態度が不誠実だったときには頭にくる。それは、交渉相手に対して「誠実に交渉すべきだ」という期待があり、その期待が裏切られるから腹が立つのである。

また、特に専門家によくみられるが、自分がこれほどすばらしい解決策を提案しているのに交渉相手が合意しようとしないときには、「愚かである」とか「現実を知らない」といって交渉相手を批判する。それは、「交渉相手は合理的な内容の合意案を受け入れるべきである」という過剰な期待があるからである。

さらには、相手に非があるのだから相手から謝罪すべきだとか、交渉相手は不合理な要求をすべきではないといった、いわば交渉相手に対する過剰な「期待」があり、その期待を裏切られると、ますます不愉快になる。

裏口のドアを開けておく

とかく対立の激しい場面では、「相手との和解は不可能」と決めつけて、裁判にもち込もうとか、契約を打ち切りにしようと思いがちになる。しかし、そのような決定的な対立関係は交渉の双方にとって大きな痛手となることが少なくない。

すでに何度か説明したが、交渉にはその決裂を視野に入れて臨むべきであり、いざとなったらＢＡＴＮＡしかないかもしれない。しかし、ＢＡＴＮＡはあくまでも最終手段であり、交渉では完全な決裂をできるだけ回避するための努力をしなければならない。

仮に、交渉が決裂して裁判になったとすると、判決が出るまで徹底的に相手と戦うべきだろうか。それは、あまり賢い姿勢とはいえない。実は、現実の裁判では、裁判官から「まだ話し合う余地があるのではないですか」と和解を勧められることもある。

いかに決定的な対立状況に陥ったようにみえても、何らかの和解の道を模索する余地はある。交渉が決裂して、表面的には修復の余地のないようにみえる状況下でも、和解に向けた何らかの糸口がある。ほんのわずかな合意のチャンスを逃がすことなく、和解に応じたほうがよい。

例えば、発想を転換するために、「この交渉の当事者ではなく『代理人』だと考えると、どのような和解案が考えられるだろうか？」というように考えてみる。いろいろな解決の道筋を残しておくことが大切なのであり、これを「裏口のドアを開けておく」という。

3――コンフリクト・マネジメントと創造的問題解決

過剰な期待を捨てる

繰り返しになるが、交渉の場では、相手はさまざまな不快な態度をとる。例えば、こちらの意見にいっさい耳を貸さないとか、責任は明白なのに、言い訳に終始したりする。「善処する」といっても何もしないし、約束したことを守らないし、すべてに反論しようとする。このような交渉相手の態度に対して不愉快になるのは、相手に「正しい態度」を期待しているからである。交渉では相手に対する過剰な期待を捨てなければならない。

実は、このような不快な態度をとっていた人が、突然、こちらの意見に耳を傾けたりすることもある。しかし、そこで「この人も変わったのだ」と思って相手に心を許してはいけない。不愉快な態度をとっていた人が突然紳士的な態度をとるのは、相手からの譲歩を引き出すためのテクニックかもしれないからである。相手の要求の中身ではなく、その人の態度に振り回されて譲歩すれば、まんまと相手の術中にはまってしまうことになる。

交渉で期待すべきは、自分にとって最も望ましい合意結果であって、相手の誠実な態度ではない。コンフリクトが深刻であればあるほど、交渉相手の表面的態度に振り回されやすくなる。しかし、相手の態度がどうであろうと、問題解決ができればよいと考える。見え透いた交渉テクニックに引っかからないためには、交渉相手に対する過剰な期待は捨ててしまわなければならない。

問題解決にフォーカスを合わせる

要するに、相手への期待を捨てて、求める合意結果だけにフォーカスして交渉するのである。もちろん、いうまでもなく、この交渉で何を得たいと思っているのかという「ミッション」を明確にしておかなければならない。

そして、交渉相手の性格を変えようなどとはしないことが肝要である。ビジネスの交渉で相手が突然誠実な人間に生まれ変わるということはあり得ない。そして、たとえ不誠実で性格が歪んだ交渉相手であっても、交渉をあきらめないことである。そのためには、完璧主義を捨てることも必要である。

一般的には、相手の誠実かつ礼儀正しい態度、問題解決できる合意案、交渉相手との完全な和解や関係修復、愉快な交渉終結の雰囲気等を期待して交渉に臨むかもしれない。しかし、コンフリクト・マネジメントでは、問題解決できる合意案だけを目指して交渉するようにする。何もかも解決できるような完全な結果はあり得ないからである。

逆説的になるが、そうすることによって交渉相手に対して寛容になれる。そもそも相手に過剰な期待をしていないので、相手に少々不愉快な態度をとられても気にはならない。交渉の進展を妨げるような相手のミスがあっても、それに対してどう対処すべきか考えるが、相手に腹を立てるようなことにはならないはずである。

2人の弁護士の例

ところで、双方の対立がどうしても解消できない場合は訴訟ということになる。しかし、訴訟はあくまでも最終手段である。実際、「訴訟社会」といわれているアメリカでも、訴訟の80％は和解で決着している。また、最近では、費用のかかる訴訟ではなく、裁判外紛争処理（Alternative Dispute Resolutions: ADR）が非常に活発になっている。対立が深刻でも、最後の最後まで交渉で解決する道を探るということである。

さらに、アメリカでは訴訟になった場合でも、コンフリクト・マネジメントのために2人の弁護士を雇うことがある。1人は訴訟専門の法廷弁護士（litigator）で、もっぱら法廷での弁論を担当する。彼は、相手の証拠の不備や論理の矛盾をついて、徹底的に攻撃的・競争的な弁護活動を展開する。もう1人は和解交渉専門弁護士（settlement counsel）で、法廷での争いが継続中でも、いろいろな視点から裁判の進捗をみつつ、相手方が和解を申し出たときに対処できる和解案や解決策などを作成する。つまり、彼は裁判所の外で協力的な交渉を展開する（Robert H. Mnookin, Beyond Winning: Negotiating to Create Value in Deals and Disputes〈Belknap Pr., 2004〉p. 181）。

このように、２つの立場を分けて考えることは、交渉を進める上でとても重要なことである。さすがに日本では弁護士を多く使うことはないが、代理人に間に入ってもらうことを考えるとよい。いわば「裏口のドアを開けておく」という発想であり、どのような状況下でも和解する余地を模索することである。

「世の中に『絶対』はない」

ところで、交渉決裂後の裁判の途中で和解の道筋がみえたときには、ためらうことなく交渉再開に踏み切るべきである。なぜなら、裁判で結論を得るというのはある意味ではとても危険なことだからである。

交渉であれば、当事者同士で自由に合意を決めることができる。ところが、裁判所では裁判官という第三者が判断を下し、自分ではコントロールできない判断が下される危険性がある。しかも、交渉の当事者はその判断に拘束されてしまう。

したがって、裁判の危険性を熟知している交渉者は、どのような状況に陥っても、できる限り解決できる道筋を模索しようとする。「裏口のドアを開けておく」という発想は、コンフリクト・マネジメントの基本である。

そして、交渉で大切なことは、「決めつけない」ことである。「絶対に無理」とか、「絶対に合意できない」と決めつけてしまうと、交渉は台無しになってしまう。交渉の途中で、「絶対にできない」という言葉が出そうになったら、大きく深呼吸して、「世の中に『絶対』ということがどれだけあるだろうか?」と考えていただきたい。

交渉相手とのブレイン・ストーミング

ところで、最近アメリカでは、激しいコンフリクトのある交渉でブレイン・ストーミングが導入されて成果を上げている。ブレイン・ストーミングとは、みんなで意見を出し合って、自由闊達な議論をすることである。

日本では、チーム内や組織の部署内でブレイン・ストーミングは行なわれるが、交渉相手とのブレイン・ストーミングは必ずしも一般的ではないかもしれない。しかし、例えば、アメリカの労使間紛争では、双方が納得できる新しい合意を形成したいのであれば、ブレイン・ストーミングのプロセスは避けて通れないといわれている。実際、問題解決型交渉として効果的な成果を上げているケースでは、ブレイン・ストーミング的な話し合いの場を最低でも1回はもっているという統計データがある。敵対的(adversarial)な交渉だけでは、問題解決型の合意を形成することはきわめてむずかしい。

コンフリクト・マネジメントとしてのブレイン・ストーミング交渉（ブレスト交渉）の際には、まず相手の警戒心を解かなければならない。そのためには、ブレスト交渉を通常の交渉プロセスと切り離すことが必要になる。つまり、ここでの話し合いは提案を出し合うだけで、約束を伴わないことをはっきりさせる。また、交渉相手からの提案を歓迎する。ポジティブ・フレーミングで相手からの提案やアイデアを歓迎し、話しやすい雰囲気をつくる。「歓迎」することは「合意」することではない。そのことをお互い理解した上で交渉することはいうまでもない。

客観的基準に準拠する

よくいわれるように、会議室や接待の席などで畏《かしこ》まった雰囲気で交渉を行なっている限りは、基本的に二分法的な交渉しかできない。あるいは、立場にこだわった交渉しかできない可能性が高い。いくら事前準備をしていても、相手がミッションなどを語らせてくれなければ、創造的選択肢を提示する場もない。

そういう堅苦しい雰囲気から抜け出せないと、ともすれば交渉をギブアップしがちになる。

しかし、そういうときにこそ、準備しておいた創造的選択肢を提示し「こういう変わった考えがある」と話を切り出すことである。交渉相手も堅苦しい雰囲気から抜け出て、話に応じてくれる。相手の考えも聞くことができる。重なる部分をみつけることができる。交渉相手の夢を聞くことができれば、それに合わせていくこともできる。とにかく柔らかい雰囲気をつくって相手から情報をいいかたちで抜き出すこと。つまり、ブレイン・ストーミングができることが重要なポイントとなってくる。日本ではこのようなブレスト交渉を行なうことはむずかしいと思われるが、接待、食事、休憩などのインフォーマルな場を有効に使うことを考えるとよい。

ところで、ブレイン・ストーミングをして、約束は伴わないとしても、双方が合意内容に納得することは大事なポイントである。では、合意内容への納得感はどのように出すのか。そのためには客観的基準に則って、論理的に交渉することである。

客観的基準に依拠した合意は、納得を得やすい。先例や科学的基準に基づいたもの、法的な基準、市場価格、効率性などの客観的な指標を基準にしながら、お互いが納得できるところにもち込む。また、仮に客観的な指標がない場合には、紛争を解決する適正手続き（デュープロセス）について双方が合意することを約束するだけでも、相手との危険な賭けに出なくてすむ。

4——ケネディ政権のコンフリクト・マネジメント

ケネディ政権とグループ・ダイナミクス

さて、コンフリクト・マネジメントの興味深い例として、ケネディ政権下で行なわれた2つの事件におけるコンフリクト・マネジメントについて紹介したい。1つはピッグス湾事件であり、もう1つはキューバ危機である。特にキューバ危機は、対応を一歩間違えば第三次世界大戦という人類の最大危機に見舞われる危険性があった事件である。

第35代アメリカ大統領J・F・ケネディ率いる政権は「最良にして最も聡明な」(The Best and the Brightest) エリート集団だったといわれている。しかし、優秀な個人の集合体が、組織全体としては最低のパフォーマンスになってしまう場合もある。集団構成の相互依存関係から派生する力学的特性のことを「グループ・ダイナミクス」(group dynamics) という。

ケネディ政権発足直後、ピッグス湾事件 (1961年) とキューバ危機 (1962年) が相次いで起きた。ケネディはアメリカ史上最も偉大な大統領として、いまや神格化された存在でさえあるが、集団的意思決定に際して、「ピッグス湾事件」では最低の判断を下し、「キューバ危機」では最高の判断を下した。

実は、重要な判断の場では、たとえ大統領であろうと、ある人間が1人で意思決定を行なうことはもはやあり得ない。最終的には大統領が決断を下すことになるが、重要なことは意思決定のプロセスにある。意思決定のプロセスが間違っていれば、いかに偉大な大統領でも最高の判断を下すことはできない。

ピッグス湾事件における意思決定プロセス

意思決定のプロセスには、さまざまな人たちがかかわり、いろいろな人たちのパフォーマンスが重要になる。

就任直後のケネディ大統領に対してCIA（アメリカ中央情報局）は、かねてから計画中だったキューバのフィデル・カストロ政権転覆計画の実行を迫った。約1400人の在米亡命キューバ人部隊「反革命傭兵軍」によるキューバ侵攻を支援して、カストロ政権を転覆させることを目的とした「ピッグス湾事件」である。

ＣＩＡによるこのクーデター計画に対するケネディ政権の意思決定プロセスは、次のようなものだった。情勢分析はＣＩＡ任せであり、曖昧さの残るものだった。約40人が出席した会議では序列が重視され、ほとんどの発言はＣＩＡの高官が行ない、すぐに1つの提案に集約された。ケネディ大統領が会議にすべて出席したため、他の出席者は大きなプレッシャーを感じ、彼らにとっては大統領がどう思っているかということだけが重要な関心事になった。反対したのは、フルブライト上院議員（民主党）ただ1人だった。

そして、最初から答えが決まっているような方向で、つまりＣＩＡが出した1つの提案に沿って大統領が最終的な意思決定を下した。ケネディ大統領の承認を経て1961年4月15日に侵攻が開始されたが、東側諸国の援助を受けたキューバ軍によって、反革命傭兵軍はわずか3日間で撃退された。キューバ侵攻作戦は大失敗に終わった。

なお、「ピッグス湾」とは侵攻が行なわれたキューバのコンチーノ湾（スペイン語で「豚」の意）を英訳したもので、キューバや中南米諸国では「プラヤ・ヒロン侵攻事件」（Invasión de Playa Girón）と呼ばれている。

ピッグス湾侵攻の失敗の原因

当時の国防長官だったロバート・マクナマラは、ピッグス湾事件について次のように回想している。

「正直なところ、私は侵攻計画をあまり理解せず、もろもろの事実も知らなかったのでした。つまり、自分を『消極的な傍観者』の地位に置いていたのです」

(『マクナマラ回顧録』共同通信社、49ページ)

ピッグス湾事件の失敗の原因をまとめると、次の4つに集約できる。

第一は、「亡命軍がうまくやってくれれば、成功するだろう」という他力本願の要素の強い杜撰《ずさん》な計画を、十分に検討せず実行したこと。

第二は、政権が、CIAの提示した1つの案に固執し、他の選択肢・可能性を考えていなかったこと。

第三は、ケネディ政権は、キューバの内情、ソ連との関係そして国際情勢など、詳細な情報分析を怠り、もっぱら、「弱腰であると批判されたくない」といった政権の「立場」に固執して、意思決定を行なったこと。

第四は、作戦決定に際して、十分なコミュニケーションや、閣僚・スタッフ間の自由な議論を阻害する雰囲気があったこと。

ピッグス湾事件の失敗は、計画それ自体よりも交渉学の基本原則を無視したコミュニケーションにその原因があるといわなければならない。

キューバ革命とキューバ危機

実は、キューバでは1959年1月に親米のフルヘンシオ・バティスタ政権が打倒され、カストロ政権が誕生していた。キューバ革命である。そして、ピッグス湾事件の直後、カストロ政権は、キューバ革命が社会主義革命であることを宣言し、ソ連への接近を強めた。その結果、翌1962年にはキューバ危機が起きることになる。

1962年10月15日、CIAはU2F偵察機によるキューバのサンクリストバトル上空写真の分析から、ソ連が核ミサイルをキューバに配備したことを確認し、ケネディ大統領に報告した。

ケネディ大統領の対応は、「ピッグス湾事件」のときとは大きく異なっていた。おそらく交渉学あるいはグループ・ダイナミクスをよく知る専門家からのアドバイスを受けたと思われる。ケネディ大統領は国家安全保障会議執行委員会（Executive Committee of the National Security Council、略称ＥＸＣＯＭＭ：エクスコム）を召集した。そして、ＣＩＡから迅速な対応を進言されたにもかかわらず、ソ連の真意に着目するためにＣＩＡに対して慎重な情報収集を指示し、確実な証拠がない限り動かないと断言した。見事な対応だった。

さらに、ミサイル基地への空爆を主張する強硬論を抑えて、第１段階としてキューバ周辺の公海上の海上封鎖およびソ連船への臨検を行ない、ソ連船の入港を阻止しようとした。

しかし、情勢は悪化した。10月27日昼頃、キューバ上空を偵察飛行していたアメリカ空軍のロッキードＵ－２偵察機がソ連の地対空ミサイルによって撃墜されたのである。この日は「暗黒の土曜日」と呼ばれ、アメリカ国内では強硬論が台頭した。多くの人は第三次世界大戦の勃発を予感した。

キューバ危機における意思決定プロセス

ケネディ大統領はＥＸＣＯＭＭを開催し、序列や階級を無視した自由な議論を求めた。もちろん、「自由な議論を！」といっても、とかく大統領の思惑を斟酌《しんしゃく》するようなかたちで、

１つの方向にまとまってしまう可能性が高い。それを避けるために、あえて異論を出し、集団のなかに一定のコンフリクトをつくり出す「悪魔の代理人」（デビルズ・アドボケイト）の役割を、弟で司法長官のロバート・ケネディに演じさせた。さらに、ケネディ大統領自身は、委員会で自由な議論が行なわれるようにするために、時折欠席した。

そして、ケネディ大統領は２つの決断をした。１つめは、ただちに反撃することは控えること。もちろん、再度攻撃されれば反撃することを決意していたことはいうまでもない。２つめは、ソ連との非公式の接触によって相手の「真意の確認」を優先することだった。

一方、ソ連側も事態の進展に困惑していた。フルシチョフ首相が無断攻撃に激怒したが、この事実をアメリカ側は知らなかったといわれている。

ケネディ大統領は平和解決への道を模索した。弟のロバート・ケネディ司法長官とソ連のドブルイニン大使の会談が、米ソ対立の緩和に寄与したともいわれている。そして、ケネディ大統領は「瀬戸際戦略」を展開した。これ以上事態が悪化すれば報復戦争になるという強硬姿勢を崩さない一方で、もしキューバからのミサイル撤去が実現すればトルコのミサイルを撤去してもよいという譲歩の姿勢も示した。すべての問題は「キューバのミサイル」にあることをソ連に明示し、ソ連がミサイルをキューバから撤去することで問題は解決することを示した。

10月28日午前9時に、フルシチョフ首相はモスクワ放送でミサイル撤去の決定を発表した。その後、米ソ首脳間のホットラインが設置され、冷戦の一時的緩和が実現したことは周知の通りである。

キューバ危機の教訓

ケネディ大統領の「キューバ危機」への対応は、結果的には大成功だった。当時、アメリカは準戦時体制に入り、ソ連との戦争への突入寸前にあった。つまり、ソ連を攻撃するという答えを選択する可能性のほうがはるかに高いと思われていた。CIAなどは、強いアメリカをみせることを強硬に主張したが、委員会での意思決定プロセスのなかでは、議論の大勢を占めたのは海上封鎖とソ連船舶の臨検という選択肢だった。ケネディ大統領はその選択肢を選んだ。

EXCOMMでの議論について、ロバート・ケネディは次のように回想している。

「検討を重ねた間中、われわれはみんな対等の立場で発言した。階級はなかった。事実、議長すらいなかった。……このため、マクナマラ、バンディ、ボールらが積極的に奨励して、発言は全く自由かつ無制限だった。みんな平等に発言の機会が与えられ、その発言は直接、みんなの耳に入った。これは途方もなく大きな利益をもたらすやり方だった」

（『13日間――キューバ危機回顧録』中公文庫、36ページ）

ケネディ大統領は、キューバ危機に際して、問題解決の結果ではなく、問題解決のプロセスに視点を移し、プロセスの欠陥を改善した。「ピッグス湾事件」では、曖昧な情勢分析の下、序列を重視した会議運営を行ない、1つの提案にすぐに集約した。しかも、大統領は会議にすべて出席した。一方、「キューバ危機」では、ソ連の真意に着目するための慎重な情報収集を指示し、序列、階級を無視した自由な議論を行なった。さらに、2つの案を競わせるかたちで代替案の慎重な検討を行ない、ロバート・ケネディに悪魔の代理人役を務めさせ、自らは時折会議を欠席した（マイケル・A・ロベルト『決断の本質』英治出版）。

以上から導き出される教訓の1つは、会議プロセスが重要だということ。組織の創造性は、個人の能力ではなく、運営方法に依存する。優秀な個人が正解を出すのではなく、プロセスをよくすればそのなかから答えが出てくる。したがって、会議のプロセスを大事にするということである。

もう1つの教訓は、しかし、そのプロセスを維持することはむずかしいということである。実際、ケネディ大統領は、キューバ危機の教訓をベトナム戦争で生かすことができなかった。

なぜか。その理由として、ベトナム戦争を軽視したことが挙げられている。キューバはアメリカと至近距離にあるカリブ海に浮かぶ島国であり、ソ連との全面戦争になればアメリカ本土が戦場になる危険性があった。したがって、ケネディ大統領は専門家のアドバイスを受け入れて意思決定プロセスを大事にした。しかし、ベトナムはアメリカから遠く離れた東南アジアの小国であり、大した問題にはならないだろうと高をくくったといわれている。その結果、ほとんどプロセスを重視しなかった。そして、ケネディは再び失敗し、アメリカはベトナム戦争の泥沼へと引きずり込まれてしまったのである。

終　章

リーダーに必要な交渉力

リーダーシップとは何か

「リーダー」あるいは「リーダーシップ」についてはさまざまな定義が存在する。チームをまとめてみんなを引っ張る人（あるいは能力）、チーム内で率先して行動する人（あるいは能力）、チーム内の意見をまとめ、的確な判断・指示を下す人（あるいは能力）、経験豊富で人格があり、部下の模範となるように示す能力、メンバーの業務を調整し、個々の能力を最大限に発揮させる人（あるいは能力）などなど。

ラグビー日本代表ヘッドコーチのエディー・ジョーンズ氏は、ある講演でリーダーについて次のように語っている。

「『リーダーシップ』（leadership）とは、個々のもつ力を最大限に引き出す能力であり、明確かつ強いビジョンで進むべき道を示す能力である。リーダーにはチームメンバーから最高のものを引き出す能力が求められる。そのためにリーダーはすばらしい何かをつくり出そうというビジョンをもたなければならない。そしてリーダーは、自分がつくったビジョンをメンバーが信じ、そのビジョンに重要性を見出せるように導かなければならない。大事なことは、リーダーは自らの態度に一貫性をもつことである。リーダーが信じる価値観をメンバーたちにしっかりと理解させるためには、リーダー自身の態度がぶれてはいけないのである」

いずれの定義も間違ってはいないし、そもそもリーダー（リーダーシップ）とは何かという唯一絶対的な定義はないのかもしれない。そこで、ここでは、リーダーにふさわしくない行動特性や資質について考えることを通じて、リーダー（リーダーシップ）について考えてみたい。

結論からいえば、衝動が抑えられない人、他人に任せることのできない人、あるいは対立や反論に耐えられない人はリーダーにふさわしくない。そして、このような行動特性や資質が生まれてくる原因を探っていけば、リーダーにふさわしくない感情をもつことへの対処法を見出すことができる。

衝動を抑えることができる人

人間は感情をもっているので、喜怒哀楽があるのは当たり前のことであり、怒りの感情が高まって、抑えきれない衝動が強く出るような人はどこにでもいる。しかし、「衝動が抑えられない」と、相手の反応を考えずに思いつきでものをいったり、自分の感情を最優先してしまったり、目先の利益を最優先してしまうことになる。したがって、衝動が抑えられない人はリーダーにふさわしくない。

ハーバード大学のダニエル・シャピロ先生は、基本的に感情を抑制することはできないという前提に立つが、衝動はコントロール可能だと考えている（『感情を活かす交渉学』）。そして感情を、「価値理解」「つながり」「自律性」「ステータス」「役割」という5つの核心的欲求に類型化し、交渉プロセスのなかでの「感情の扱い方」と「感情の活かし方」（すなわち「感情のコントロール」）の重要性を指摘している。

そしてシャピロ先生は、複雑で対立しがちな交渉場面において、他者を感化し、良好な関係を築き、相互利益を最大化するために、衝動や感情に対して自分がコントロールできる範囲で行動することを提唱する。その際のキーワードは「価値理解」で、思いやりをもって、相手のいうことにも一理あるというスタンスで対応することだとしている。

「衝動が抑えられない」ことに対しては、次のような対処法が考えられる。例えば、ある社会問題に対して「すぐに行動したいという衝動」を抑えるには、問題解決のための政策には「緊急」「暫定」「恒久」があって、「緊急」以外はすぐに結論を出す必要はないことを知ることである。そうすれば、すぐにアクションを起こしたい「衝動」を抑えることができる。また、「相手を批判したいという衝動」に駆られたときには、相手への批判が、例えば1週間後に全体にどのような影響を与えるかを考えることである。そうすれば、多くの場合、相手を批判したいという衝動は自然と収まるはずである。

他人に任せることができる人

仕事や勉強がよくできて、自分がやれば何でもできると考えて、他人任せではいられないような人もリーダーにふさわしくない。彼らは、自分が一番詳しいからといって自分ですべての資料をつくってしまう。あるいは、自分が事情に通じているといって自分ですべての交渉や調整を行なおうとする。

人に任せることができないというのはワンマン経営者にありがちな行動特性であり、委任してよい事項とリーダーが行なうべき事項の区別ができていないのである。逆にいえば、リーダーはその区別ができなければならないということである。

国際経済法の分野で、「比較優位」という考え方がある。国際貿易において、例えば日本がこの数十年そうであったように、ある国があらゆる面でリードすることは可能だが、自由貿易がうまく進行するためには、相対的に他の国が得意とする商品はその国につくらせて、自国では自らが得意とする分野に特化することによって、双方の国が自由貿易の恩恵を受けるという考え方である。

「比較優位」の考え方は人の関係についても当てはまる。たとえすべての面で自分のほうがうまくできるとしても、1日の時間、あるいは人の一生には限りがあるので、自らは相対的に優位な仕事に特化して、その他の仕事は他の人に任せるほうが、全体として効率がよくなり、その結果として、全員がより大きなパイを得ることができる。

「他人に任せない」ことへの対処法としては、自分1人ですべてを抱えることはせずに、プロジェクトを細分化し、可能な限り第三者に委任することである。また、プロフェッショナルとリーダーは異なることを理解することである。プロフェッショナルは任されたことについて専門性を活かして貢献するのに対して、リーダーには誰に任せるかを決めるという役割分担がある。

他人に任せるときに、「比較優位」という言葉を使うと、どうでもいいこと（あるいは、たいして重要ではないこと）は任せるというニュアンスに聞こえて、任された人のインセンティブが下がってしまうおそれがある。そこで、「プロフェッショナルとしての専門性をもっているあなたにやってもらいたい」といえば、任された人もおおいにやる気が起きる。

なお、貿易の世界で日本が成功してきた歴史をみると、「プロフェッショナル」は、中小企業の町工場から始まって世界を席巻したメーカーの人たちであり、多くは技術者で、専門性をもったいわゆるホンモノが多かった。一方、「リーダー」は社会科学系出身でマネジメントの専門家といわれる人たちだったが、彼らがきちんとしたリーダー教育を受けて、リーダーとしての行動がわかっていたかというといささか疑問である。むしろ、最終的にリーダーになることについての自覚がないままにリーダーになってしまった人も少なくない。プロジェクトを細分化し、可能な限り第三者に委任する、そして誰に任せるかを決めるというリーダーの本来の役割を自覚するのは大事なことである。

対立や反論に耐えられる人

他人との対立に耐えられなくなったり、自分の意見に対する反論に我慢できなくなったりする人もリーダーにふさわしくない。彼らは、「対立が苦手」で、関係者全員の意見を調整し、反論が出ないような政策を立案する。あるいは批判や対立があるとすぐに調整しようとする。このような行動特性は、日本では「和の精神」として、人間形成の上での大事な要素として誤って理解されてきた面もある。対立した局面で、見せかけだけの和の精神を発揮したとしても、いずれ崩壊することは目にみえている。

その場で反論が出ないような政策を立案しても問題は解決しない。むしろ、対立するような場面やむずかしい局面では、すぐに反応せず、時間をかけて問題を突き詰めて解決していくことを考えるほうがいい。そもそも全員が反対しない政策などあり得ないことを理解していないことが問題であり、調整した結果の政策が本当に最適な案なのかどうかを考えずに調整しているにすぎないということを理解すべきである。

重大な危機に陥ったときに、仮に何とかうまくその場を調整して乗り切ったとしても、必ずしも多くの意見を反映していないことが多い。そこで後になってから、「もともと私はあなたのいっていることには賛成はしていなかった」というようなことをいい出す人が出てくる。関係者全員の意見を調整し、反論が出ないような政策を立案するのではなく、プロセスを大切にして、反論をいわせる場をつくり、相手にも責任をもった行動をとらせる場をつくるべきなのである。

リーダーに必要な基本的スキル

さて、リーダーには「2つの基本的なスキル」と「3つの中核的スキル」が必要とされる。

2つの基本的なスキルとは、「熟慮」(consideration)と「共感」(empathy)という、いわば対内的なスキルであり、「3つの中核的スキル」とは、「弁論」(public narrative)、「協働」(group dynamics)、「交渉」(conflict negotiation)という対外的なスキルで、交渉学でも重視されているスキルである。

「熟慮」とは、自分でしっかりと考えるということ。簡単に言えば、「論理的な思考」と「論証の仕方」を自分で考えるということである。また、「共感」とは、「価値理解」と「繋がり」を大事にすることである。つまり、自分が論理的に考えて論証する準備のなかで、相手がどう考えているかを理解しようという気持ちを持つことが、リーダーとしての資質として重要だということである。

リーダーに必要な3つの中核的スキル

次に、「3つの中核的スキル」とは、「弁論」(public narrative)、「協働」(group dynamics)、「交渉」(conflict negotiation)という対外的なスキルで、交渉学でも重視されているスキルである。

まず、第一の「弁論」だが、英語の public narrative という単語は翻訳しにくい言葉で、あえて日本語に直すとすれば、「公人が話す物語」ということになる。これを意訳して「弁論」という言葉をあてたのは、アメリカの学校では、人にどのように伝えるのか、そして納得してもらうかを public narrative で学ぶからである。実際、ハーバード大学のケネディスクールでは、リーダーになる人、あるいはすでにトップに立っている人たち（＝公人）に向けての public narrative という講義科目がある。

なお、ハーバード大学で public narrative の講義を担当しているマーシャル・ガンツ先生は、オバマ大統領の恩師で、オバマ大統領のスピーチがすばらしいのは、ガンツ先生の教育要素が盛り込まれているからだということである。

二番目の「グループ・ダイナミクス」（group dynamics）については、第8章で、ケネディ政権下での「ピッグス湾事件」と「キューバ危機」を題材にして、それがリーダーにとっていかに重要であるかを紹介した。実は、英語の「group dynamics」を直訳的な日本語にすると「集団的意思決定」ということになる。しかし、「集団的意思決定」という日本語は、どちらかといえば少しギスギスした感じがするので、ここでは「協働作業のなかでの意思決定」という意味合いを込めて「協働」という日本語をあてている。

リーダーに必要な3つめの中核的スキルである「交渉」には、「conflict negotiation」という英語があてられている。それは、「交渉」には、とかく紛争や対立がつきものだからであり、紛争や対立を交渉で創造的に解決するのがリーダーだということになる。

リーダーに必要な交渉力

これまで経験したことがないような危機や外部環境の変化に直面したとき、多くの組織は、既存のフレームワークのなかで対応しようとする。しかし、おそらくそれでは問題を解決することはできない。創造的に問題を解決していくためには、むしろ逆に、既存のフレームワークを外部環境の変化に合わせていくことが必要である。

外部環境の変化に対して、組織はどのように対応すべきなのか。そのヒントを探る上で、第8章で紹介したケネディ政権下の意思決定プロセスが参考になる。J・F・ケネディ大統領は、キューバへのソ連のミサイル配備という危機に直面し、議論を重視した。対立する議論を歓迎し、多くの可能性を模索し、対応策を柔軟に策定しようとした。このことを弟のロバート・ケネディは『13日間——キューバ危機回顧録』（中公文庫）において、「階級にかかわらず自由な発言が許されていた」と述べている。

ケネディ大統領は、自分が聞きたくないこと、あるいは自分への批判と受け止められるようなことも含めて、すべての意見を自由に出させること、それによって、状況への最適な対応策を考えた。人は、ともすると自らに心地よい意見や情報にのみ耳を傾けてしまいがちになるが、この種の誘惑に打ち勝たなければならない。

そもそもこの世の中の複雑な問題に対する絶対的な「正解」などあり得ない。政策においてもビジネスにおいても、100%の正解は存在しないし、それを求めること自体が間違っている。しかし、絶対的な正解ではなく、双方が満足できる「創造的な解決策」を考え出すことは可能である。ゼロ・サムの妥協ではなく、創造的なプラス・サムの世界のなかでwin-winの解決策を考えることができる人をリーダーと呼ぶ。

組織や政治のリーダーは、正解のないなかで、組織や国家そして国際社会にとっての建設的な議論を行ない、創造的な選択肢を模索する。そして、意思決定し、決断し、実践していかなければならない。

相手との交渉のなかで価値創造的な問題解決ができる人は、リーダーである。リーダーは、組織が危機に直面しているときには、誰も考えつかないような斬新なアイデアや思考法を出して危機を切り抜けることができる。リーダーにとって、外交交渉やビジネスの現場で「交渉する力」は不可欠のスキルなのである。

謝辞

本書をつくり上げる上では、さまざまな人々のお世話になった。隅田浩司先生（東京富士大学教授）には、本書をよりよくするためのさまざまなご指摘をいただいた。堀岡治男氏（堀岡編集事務所）には企画段階から相談に乗っていただき、本書をまとめる上で多大なご尽力をいただいた。中公新書編集部の杉山節夫氏には、遅れがちな原稿執筆を温かく見守っていただき、さまざまな貴重なアドバイスもいただいた。その他、お名前を挙げることはできないが、さまざまな方々のご協力をいただき、ようやく本書を上梓することができた。皆さんに感謝申し上げる。

最後になるが、いまの私が成り立っているのは、家族の支えがあるからである。私の両親、妻妙子、長男允、二男錬に心より感謝したい。ありがとう。

平成25年12月

著　者

本文ＤＴＰ・図表作成／市川真樹子

ラクレとは…la clef=フランス語で「鍵」の意味です。
情報が氾濫するいま、時代を読み解き指針を示す
「知識の鍵」を提供します。

中公新書ラクレ
481

ハーバード×慶應流《けいおうりゅう》
交渉学入門《こうしょうがくにゅうもん》

2014年1月10日初版
2020年11月30日3版

著者……田村次朗《たむらじろう》

発行者……松田陽三
発行所……中央公論新社
〒100-8152 東京都千代田区大手町1-7-1
電話……販売 03-5299-1730 編集 03-5299-1870
URL http://www.chuko.co.jp/

本文印刷……三晃印刷
カバー印刷……大熊整美堂
製本……小泉製本

Published by CHUOKORON-SHINSHA, INC.
Printed in Japan ISBN978-4-12-150481-4 C1234

中公新書ラクレ　好評既刊

L073
やさしい文章術
――レポート・論文の書き方

樋口裕一 著

アイデアの出し方、分析の加え方、わかりやすい文章構成の秘訣とはなにか。レポート・論文は単なる報告ではない。分析、意見を加えるための適切な方法を知っていれば、見違えるほど評価の高いレポート・論文に仕上がる。表記のルール（句読点のつけ方、カッコの使い分け、引用のつけ方、参考文献のつけ方など）の確認も付し、「受験小論文の神様」といわれる著者が大学生、社会人のためにはじめて書き下ろした、やさしくて役に立つ文章術の本。

L202
世界の日本人ジョーク集

早坂　隆 著

世界から憧憬の眼差しが注がれる経済大国？　それとも、物真似上手のエコノミック・アニマル？　地球各地で収集したジョークの数々を紹介しながら、異国から見た真の日本人像を描き出す。『世界の紛争地ジョーク集』（ラクレ124）、『世界反米ジョーク集』（同164）に続く第三弾は、問い合わせの多かった「日本人をネタにしたもの」を満載。笑って知って、また笑う。一冊で二度おいしい本。知的なスパイスの利いた爆笑ネタを、ぜひご賞味あれ！

L309
続・世界の日本人ジョーク集

早坂　隆 著

世界のジョークから日本人が「出演」しているものをピックアップ、海外の人たちの「日本人のイメージ」を考察して大ベストセラーとなった『世界の日本人ジョーク集』。その待望の続篇がついに登場しました。新作ジョークには「アソウ」「マツザカ」など新たな登場人物も参戦。日本は世界からどう見られているかを「笑いながら」探り、パワーアップして読者に届けます。知恵と経験則に基づいた味わい深い至言の数々。今こそ質の良い笑いを！

L396

あらゆる領収書は経費で落とせる

大村大次郎 著

飲み代も、レジャー費もかる〜くOK！ 家も車も会社に買ってもらおう!? 経理部も知らない「経費のカラクリ」をわかりやすく解説。元国税調査官が明かす、話題騒然の実践的会計テクニックとは？ 経費をうまく活用することで、コストカットにつながる。領収書を制す者は会計を制すのだ。ふだんの経費申請から、決算、確定申告にいたるまで、総務部も、営業マンも、自営業者も、経営者も、すぐに役立つ一冊。

L400

100万人が笑った！

「世界のジョーク集」傑作選

早坂 隆 著

今こそ平成の笑いの力を！ 腹の底から笑って、不安な気持ちを吹き飛ばそう。累計100万部突破のジョーク・シリーズ。6冊の中から、珠玉のジョークをセレクト。笑いは社会の潤滑油となり、生きる力となる。「変に難しい理屈の本よりも、明るさがあって素直に心に届くようなものを今は読みたい」という読者の声から生まれた一冊。「「笑い」こそが、人類が絶望の歴史の末に見出した、最大の生きる術なのだ」（「あとがき」より）

L429

グローバル化時代の大学論①

アメリカの大学・ニッポンの大学

――TA、シラバス、授業評価

苅谷剛彦 著

ひたすら改革が叫ばれ、アメリカ発の制度を取り入れてきたニッポンの大学。だが、その有効性はいまだ見えず、グローバル化の荒波の中を漂流している――元東大教授で、いまオックスフォード大学で活躍する著名な教育社会学者が、新米教師の頃、いち早く警鐘を鳴らした「アメリカ大学教育体験記」から、日本の当時と変わらぬ問題点が浮かび上がる。巻末解説文・宮田由紀夫氏（L413『米国キャンパス「拝金」報告』著者）。

L671

見えない戦争《インビジブルウォー》

田中 均 著

大国主義（トランプ、習近平）、過激な主張外交（金正恩、文在寅）がポピュリズムに乗じて勢いを増す中、戦火を交えるわけではない「見えない戦争」が世界中で起きつつある。静かに迫り来る「有事」と、牙をむく為政者たちに対し、日本はなすすべがないのか？ 日米経済摩擦、日米安保協力・基地返還、北朝鮮外交――交渉によって「不可能」を可能にした、日本外交きっての戦略家が、「見えない戦争」を生き抜くための「眼」とメソッドを伝授する。

L673
日韓激突
―「トランプ・ドミノ」が誘発する世界危機
手嶋龍一＋佐藤　優　著

GSOMIAをめぐり揺れに揺れた日韓。両国はついに全面衝突の様相に。「安倍政権が韓国を巧妙に追い詰め破棄させたのだ。この手法は、日本を開戦に踏み切らせたハル・ノートを思わせる。短期的には〝完勝〟（佐藤優氏）だが、「長期の視点に立てば極めて危うい一手」（手嶋龍一氏）だ。北東アジアに生じた日米韓の安保体制の綻びを、中露北が衝こうとしている。果たしてニッポンに苛烈な国際政局を生き抜く秘策はあるか。

L674
伝説の特捜検事が語る
平成重大事件の深層
熊﨑勝彦　著
鎌田　靖　聞き手

東京地検特捜部。日本の「聖域」に切り込む「ドブさらい」集団。「巨悪を眠らせない」を使命とする特捜検察が摘発に乗り出した、平成時代の「巨悪」とは何だったのか？　バブルに酔いしれた「カネ余り日本」の贈収賄事件、金融・建設業界と政官との構造的癒着。「最強官庁」の汚職に切り込み、日本の市場構造を塗り替えた大蔵省汚職事件。特捜部長としてこの空前絶後の事件捜査を指揮したキーパーソンが、政官財を巻き込んだ重大事件を検証する。

L677
歴史に残る外交三賢人
―ビスマルク、タレーラン、ドゴール
伊藤　貫　著

冷戦後のアメリカ政府の一極覇権戦略は破綻した。日本周囲の三独裁国（中国・ロシア・北朝鮮）は核ミサイルを増産し、インド、イラン、サウジアラビア、トルコが勢力を拡大している。歴史上、多極構造の世界を安定させるため、諸国はバランス・オブ・パワーの維持に努めてきた。聡明な頭脳と卓越した行動力をもち合わせた三賢人が実践した「リアリズム外交」は、国際政治学で最も賢明な戦略論であり、日本が冷酷な世界を生き抜く鍵となる。

L678
英語コンプレックス粉砕宣言
鳥飼玖美子＋齋藤　孝　著

日本人がなかなか払拭することのできない英語コンプレックス。中学・高校の六年間学んでも話せるようにならない絶望が、外国人と軽妙なパーティトークをできない焦りが、過剰な「ペラペラ幻想」を生んでいる。英語教育の現場をよく知る二人が、コンプレックスから自由になるための教育法・学習法を語り合う。とりあえず英語でコミュニケーションを取るための具体的な方策も伝授。黒船ショック以来、日本人に根付いた劣等感を乗り越える！

L679

新装版 学術的に「正しい」若い体のつくり方

——なぜあの人だけが老けないのか？

谷本道哉 著

同級生なのに老けないあの人には理由があった！　国民総肥満、定年延長が叫ばれる昨今、スリムで70歳まで働けるカラダづくりはもはや必須科目。そこで今すぐ始められる筋トレと食事術を、あの人気TV番組出演の谷本先生が徹底解説。学術的に「正しい」若返り法を伝授します。階段は使わないと大損？　今日の10分筋トレがあなたの人生を決める？　メタボ、ロコモ対策もこれ一冊でOK。筋肉こそ、生涯の友である！

L681

森光子　百歳の放浪記

川良浩和 著

二〇二〇年五月で生誕一〇〇年となる森光子。女優としては遅咲きながら、四〇代で主役の座を射止めた『放浪記』は、上演二〇〇〇回を超えるロングランとなった。「日本のお母さん」として親しまれ、二〇〇九年には国民栄誉賞も受賞。本書では、浜木綿子、黒柳徹子、奈良岡朋子、石井ふく子、東山紀之、堂本光一ほか、彼女の人生に寄り添った方々にインタビューを行い、その貴重な証言から、波瀾の生涯と、舞台に立とうとし続けた大女優の姿を描く。

L684

新装版 「遊ぶ」が勝ち

為末　大 著

世界陸上選手権のハードル競技で銅メダルを二度勝ち取り、オリンピックにも三度出場。引退後はスポーツと教育に関する活動を行い、ビジネスの世界に挑戦している「走る哲学者」の原動力とは何か？　「人間は遊ぶ存在である」。競技生活晩年、記録が伸びず苦しかったときに出会った名著に重要なヒントがあった。世界の第一線で闘った競技生活を振り返り、「遊び」という身体感覚を言語化する。「努力が報われない」と悩む人たちへ贈る心の操縦法。

L687

神になった日本人

——私たちの心の奥に潜むもの

小松和彦 著

古来、日本人は実在した人物を、死後、神として祀り上げることがあった。空海、安倍晴明、平将門、崇徳院、後醍醐天皇、徳川家康、西郷隆盛——。もちろん、誰でも神になれるわけではない。そこには、特別な「理由」が、また残された人びとが伝える「物語」が必要となる。死後の怨霊が祟るかもしれない、生前の偉業を後世に伝えたい——。11人の「神になった日本人」に託された思いを探りながら、日本人の奥底に流れる精神を摑みだすとしよう。

L690
街場の親子論
―父と娘の困難なものがたり
内田　樹＋内田るん 著

わが子への怯え、親への嫌悪。誰もが感じたことのある「親子の困難」に対し、名文家・内田樹さんが原因を解きほぐし、解決のヒントを提示します。それにしても、親子はむずかしい。その謎に答えるため、1年かけて内田親子は往復書簡を交わします。微妙に嚙み合っていないが、ところどころで弾ける父娘が往復書簡をとおして、見つけた「もの」とは？　笑みがこぼれ、胸にしみるファミリーヒストリー。

L692
公安調査庁
―情報コミュニティーの新たな地殻変動
手嶋龍一＋佐藤　優 著

公安調査庁は謎に包まれた組織だ。日頃、どんな活動をしているのか、一般にはほとんど知られていない。それもそのはず。彼らの一級のインテリジェンスによって得られた情報は、官邸をはじめ他省庁に提供され活用されるからだ。つまり公安調査庁自身が表に出ることはない。日本最弱にして最小のインテリジェンス組織の真実を、インテリジェンスの巨人２人が炙り出した。本邦初の驚きの真実も明かされる。公安調査庁から目を離すな！

L699
たちどまって考える
ヤマザキマリ 著

パンデミックを前にあらゆるものが停滞し、動きを止めた世界。17歳でイタリアに渡り、キューバ、ブラジル、アメリカと、世界を渡り歩いてきた著者も強制停止となり、その結果「今たちどまることが、実は私たちには必要だったのかもしれない」という想いにたどり着いたという。混とんとする毎日のなか、それでも力強く生きていくために必要なものとは？　自分の頭で考え、自分の足でボーダーを超えて。あなただけの人生を進め！

L704
大学とオリンピック 1912-2020
―歴代代表の出身大学ランキング
小林哲夫 著

日本のオリンピックの歴史は大学抜きには考えられない。戦前、オリンピックの精神として貫かれたアマチュアリズムに起因し、両者の親和性は極めて高い。実現には至らなかった１９４０年東京大会では、構想から大学が深く関わった。戦後、企業スポーツ隆盛の時代へと移ってもなお、大学生オリンピアンは不滅だ。１９１２年大会から２０２０年東京大会までを振り返り、両者の関係から浮かび上がる、大学の役割、オリンピックの意義を問う。